Dėl nuodėmės, teisumo ir teismo

*„Jis ateis ir parodys pasauliui,
kaip šis klysta dėl nuodėmės, dėl
teisumo, dėl teismo."*

(Evangelija pagal Joną 16, 8)

Šventumo ir galios serija (Įžanga 1)

Dėl nuodėmės, teisumo ir teismo

Dvi savaites trunkančių prabudimo susirinkimų
pamokslai - 1

Dr. Jaerock Lee

Dėl nuodėmės, teisumo ir teismo by Dr. Jaerock Lee
Published by Urim Books (Representative: Johnny. H. Kim)
73, Yeouidaebang-ro 22-gil, Dongjak-gu, Seoul, Korea
www.urimbooks.com

Visos teisės saugomos. Šios knygos ar jos dalių panaudojimas bet kokia forma arba perdavimas bet kokia forma ir bet kokiomis priemonėmis – elektroninėmis, mechaninėmis, fotokopijų, įrašų ar kitomis – be išankstinio raštiško leidėjo sutikimo yra draudžiamas.

Visos Šventojo Rašto citatos, jeigu nenurodyta kitaip, paimtos iš tinklavietės RUBŠIO IR KAVALIAUSKO BIBLIJA, LBD ekumeninis leidimas 1999 m. © Lietuvos Biblijos draugija, 1999.
© Lietuvos Vyskupų Konferencija, 1999.

Copyright © 2016 by Dr. Jaerock Lee
ISBN: 979-11-263-1168-2 03230
Translation Copyright © 2013 by Dr. Esther K. Chung. Used by permission.

Pirmas leidimas anglų kalba išleistas 2023 metų gruodį

Urim Books išleista korėjiečių kalba 2011 m. Seule, Korėjoje

Redaktorė Dr. Geumsun Vin
Leidėjas Design Team of Urim Books
Daugiau informacijos: urimbook@hotmail.com

Autoriaus pratarmė

Jeg ber om at leserne blir rettferdige personer som mottar Guds mektige kjærlighet og velsignelser...

Meldžiuosi, kad skaitytojai taptų teisiaisiais, patiriančiais didžią Dievo meilę ir palaiminimus...

Didysis reformatorius Martynas Liuteris jaunystėje patyrė skausmingą įvykį. Vieną dieną, kai jis su bičiuliu slėpėsi nuo lietaus po medžiu, trenkė žaibas, ir šalia jo stovėjęs draugas krito negyvas. Šis įvykis pastūmėjo Liuterį tapti vienuoliu. Jis labai bijojo Dievo, kuris teisia ir smerkia nuodėmę. Liuteris labai dažnai atlikdavo išpažintį, bet vis tiek niekaip negalėjo išspręsti nuodėmės problemos. Nors ir labai uoliai studijavo Bibliją, jis niekaip negalėjo rasti atsakymo į klausimą: „Kaip neteisus žmogus gali įtikti teisiam Dievui?"

Kartą skaitydamas apaštalo Pauliaus laišką jis pagaliau rado žodžius, kurių taip ilgai ieškojo. Laiške romiečiams 1, 17 parašyta: „Joje [evangelijoje] apsireiškia Dievo teisumas iš tikėjimo į tikėjimą, kaip parašyta: 'Teisusis gyvens tikėjimu.'" Liuteriui nušvito tiesa apie „Dievo teisumą". Iki šiol jis žinojo tik apie Dievo, kuris teisia visus žmones, teisumą, bet dabar suprato, kad Dievo teisumas veltui suteikia nuodėmių atleidimą visiems žmonėms, kurie tiki į Jėzų Kristų, ir net vadina juos „teisiaisiais". Suvokęs tai, Liuteris gyveno su neblėstančia aistra tiesai.

Dievas ne tik pripažįsta tikinčius į Jėzų Kristų teisiaisiais, bet ir apdovanoja Šventąja Dvasia, apreiškia tiesą apie nuodėmę, teisumą bei teismą ir savo noru paklustų Dievui, vykdytų Jo valią. Todėl turime nesustoti, priėmę Jėzų Kristų ir pavadinti teisiaisiais. Labai svarbu tapti tikrai teisiu žmogumi, išmetant nuodėmes ir nedorybes iš savo vidaus su Šventosios Dvasios pagalba.

Paskutinius 12 metų Dievas ragina mūsų bažnyčią kasmet rengti dvi savaites trunkančius prabudimo susirinkimus, kad visi bažnyčios nariai būtų palaiminti tapimu teisiais per tikėjimą. Jis parodė mums, kaip gauti atsakymus į visokiausias maldas ir apreiškė skirtingas dvasios, gerumo, šviesos ir meilės dimensijas, kad priimtume Dievo galią į savo gyvenimą. Kiekvienais metais Jis kreipė mūsų žingsnius į šventumą ir galią. Jis palaimino daug žmonių iš visų tautų, duodamas patirti savo galią, kuri aprašyta Biblijoje ir pranoksta laiką bei erdvę.

Išleidome prabudimo pamokslų seriją „Šventumas ir galia", atskleidžiančią gilią Dievo apvaizdą, kad skaitytojai sistemingai studijuotų šias tiesas. Pirmųjų trejų metų prabudimo pamokslai pavadinti „Įžanga". Jie kalba apie tikro teisumo kelią, griaunat nuodėmės sieną tarp mūsų ir Dievo. Kitų ketverių metų pamokslai moko apie šventumo ir galios ugdymą, jie pavadinti „Pagrindine žinia". Paskutinių penkerių metų pamokslai paaiškina, kaip patirti Dievo galią, vykdant Dievo žodį. Ši leidinio dalis pavadinta „Pritaikymu".

Daug žmonių šiandien gyvena, net nežinodami, kas yra nuodėmė ir kodėl bus teismas. Net lankantieji bažnyčią abejoja dėl savo išgelbėjimo ir gyvena pasaulietiškai – kaip netikintys. Jų gyvenimas nėra teisus prieš Dievą, nes jie vadovaujasi tuo, kas jiems atrodo teisumas. Ši knyga, Dėl nuodėmės, teisumo ir teismo, yra pirmoji iš Šventumo ir galios pamokslų serijos apie sėkmingą krikščionišką gyvenimą, gaunant nuodėmių atleidimą ir siekiant Dievo teisumo savo gyvenime.

Dievas, patvirtinęs šį mokymą savo galios įrodymais, pirmajame mūsų prabudimo susirinkime 1993 metais pažadėjo palaiminti palikuonimis daug sutuoktinių porų, jau 5-6 ar net 10 metų negalinčių susilaukti vaikų. Beveik visos ten dalyvavę sutuoktinių poros susilaukė vaikų.

Noriu padėkoti Geumsun Vin, leidyklos vadovei ir jos darbuotojams už uolų triūsą, leidusį išleisti šią knygą, ir meldžiuosi Viešpaties vardu, kad daug skaitytojų išspręstų savo nuodėmingumo problemą ir sulauktų atsakymų į visas savo maldas!

2009 metų kovas
Jaerock Lee

Pratarmė

Ši knyga, Dėl nuodėmės, teisumo ir teismo, turi penkis skyrius, skirtus nuodėmės, teisumo ir teismo temoms. Knyga nuosekliai atskleidžia, kaip išspręsti nuodėmingumo problemą ir gyventi palaimintą teisiojo gyvenimą – išvengti būsimo teismo ir džiaugtis amžinais palaiminimais.

Pirmasis skyrius apie nuodėmę vadinasi „Išgelbėjimas". Jis paaiškina, kodėl žmogui reikia būti išgelbėtam, ir tikrą išgelbėjimo gavimo reikšmę ir metodą. Kitas skyrius, „Tėvas, Sūnus ir Šventoji Dvasia", padeda teisingai suprasti, kaip Dievo galia ir valdžia, Jėzaus Kristaus vardas ir Šventosios Dvasios vedimas veikia visi kartu kaip Triasmenis Dievas, kad žmogus išspręstų nuodėmės problemą ir eitų teisingu keliu į išgelbėjimą.

Skyrius „Kūno darbai" paaiškina nuodėmės sieną, stūksančią tarp žmogaus ir Dievo. Kitas skyrius, „Duokite atsivertimą liudijančių vaisių", paaiškina, atsivertimą liudijančių vaisių svarbumą, siekiant tobulo išgelbėjimo per Jėzų Kristų.

Paskutinis skyrius apie nuodėmę „Bodėkitės pikto, laikykitės gero" moko atmesti visa pikta, kas nepatinka Dievui, ir daryti gera pagal tiesos žodį.

Skyrius apie teisumą „Teisumas, vedantis į gyvenimą" atskleidžia, kaip visiems gauti amžinąjį gyvenimą per Jėzaus Kristaus teisų darbą. Skyrius „Teisusis gyvens tikėjimu" paaiškina, kaip svarbu suprasti, kad mes išgelbėjami tik per tikėjimą, ir tikro tikėjimo turėjimo priežastį.

8 skyrius „Paklusnumas Kristui" atskleidžia, kodėl būtina palaužti kūniškas mintis bei teorijas ir paklusti Kristui, kai siekiame tikro tikėjimo, klestinčio bei kupino palaiminimų gyvenimo ir atsakymų į maldas. 9 skyrius „Tas, kurį Viešpats pristato" pasakoja apie tikėjimo patriarchus ir atskleidžia skaitytojui, kaip elgtis, kad taptum žmogumi, kurį Dievas pristato. Paskutinis skyrius apie teisumą vadinasi „Palaiminimas". Tai Abraomo – tikėjimo tėvo ir palaiminimų šaltinio – gyvenimo ir tikėjimo apžvalga su patarimais, kaip tikinčiajam patirti palaiminimų kupiną gyvenimą.

Pirmas skyriuje apie nuodėmę „Nepaklusnumo Dievui nuodėmė" kalba apie žmogaus nuodėmės prieš Dievą pasekmes. Kitas skyrius „Nušluosiu nuo žemės paviršiaus žmones", aprašo Dievo teismą, kuris įvyksta, kai žmogaus sugedimas peržengia visas ribas.

Skyrius „Neik prieš Jo valią", pasakoja apie Dievo teismą, kuris ištinka, kai žmogus eina prieš Dievo valią, kad skaitytojai suprastų, koks didis palaiminimas vykdyti Dievo valią, būti paklusniam Dievui. Skyriuje „Sako Galybių VIEŠPATS" autorius išsamiai paaiškina, kaip gauti išgydymą ir atsakymus į maldas, ir atskleidžia, kaip svarbu tapti teisiu žmogumi, bijančiu Dievo.

Ir paskutinis skyrius „Dėl nuodėmės, teisumo ir teismo" atveria kelią į nuodėmės problemos sprendimą, tapimą teisiu žmogumi, susitikimą su gyvuoju Dievu, Paskutiniojo teismo išvengimą ir amžinųjų palaiminimų gyvenimą.

Ši knyga parodo konkrečius kelius, kuriais mes, priėmę Jėzų Kristų ir gavę Šventąją Dvasią, galime pasiekti išganymą, amžinąjį gyvenimą, atsakymus į maldas ir palaiminimus. Meldžiuosi mūsų Viešpaties vardu, kad per šią knygą daugybė žmonių taptų teisiais vyrais ir moterimis, kurie patinka Dievui!

2009 m. kovas
Geumsun Vin
Leidyklos direktorė

Turinys

Autoriaus pratarmė
Pratarmė

I dalis Dėl nuodėmės...

1\. skyrius Išgelbėjimas · 3

Kūrėjas Dievas ir žmogus
Nuodėmės siena tarp Dievo ir žmogaus
Tikroji išgelbėjimo prasmė
Išgelbėjimo metodas
Išgelbėjimo per Jėzų Kristų apvaizda

2\. skyrius Tėvas, Sūnus ir Šventoji Dvasia · 13

Kas yra Tėvas Dievas?
Tėvas Dievas – žmonijos ugdymo generalinis direktorius
Kas yra Sūnus Jėzus Kristus?
Jėzus Kristus Gelbėtojas
Kas yra Šventoji Dvasia, Globėjas?
Šventosios Dvasios – Globėjo darbas
Dievas Trejybė vykdo išgelbėjimo apvaizdą

3. skyrius Kūno darbai · 27

Kūno reikalai ir kūno darbai
Kūno darbai, trukdantys žmogui paveldėti Dievo karalystę
Akivaizdūs kūno darbai

4. skyrius „Duokite atsivertimą liudijančių vaisių" · 47

Angių išperos
Duokite atsivertimą liudijančių vaisių
Nemėginkite ramintis, kad Abraomas jūsų tėvas
„Kiekvienas medis, kuris neduoda gerų vaisių, bus iškirstas ir įmestas į ugnį"
Vaisiai, liudijantys atsivertimą
Žmonės, davę atsivertimą liudijančių vaisių

5. skyrius „Bodėkitės pikto, laikykitės gero" · 63

Kaip blogos mintys virsta nuodėme
Atmesti pikta ir tapti geru žmogumi
Pikta ir neištikima karta, reikalaujanti ženklo
Pikto pavidalai, kurių turime bodėtis

Paaiškinimai 1

2 dalis Dėl teisumo...

6. skyrius Teisumas, vedantis į gyvenimą · 83

Teisumas Dievo akyse
Vienas teisus darbas, dovanojęs išgelbėjimą visai žmonijai
Teisumo pradžia yra tikėjimas į Dievą
Jėzaus Kristaus teisumas, kuriuo turime sekti
Tapimo teisiu žmogumi kelias
Palaiminimai teisiesiems

7. skyrius Teisusis gyvens tikėjimu · 97

Tapti tikrai teisiu žmogumi
Kodėl mes turime tapti teisūs?
Teisusis gyvens tikėjimu
Kaip įgyti dvasinį tikėjimą
Keliai į gyvenimą tikėjimu

8. skyrius Paklusnumas Kristui · 109

Kūno rūpesčiai priešiški Dievui
Teisuoliškumas – vienas iš pagrindinių kūno rūpesčių
Apaštalas Paulius palaužė savo kūno rūpesčius
Teisumas, kylantis iš Dievo
Saulius nepakluso Dievui kūno rūpesčiais
Kelias į Dievo teisumą per tikėjimą

9. skyrius Tas, kurį Viešpats pristato · 123

Tas, kurį Viešpats pristato
Kad būtumėte Dievo pripažinti
Nukryžiuokite savo aistras ir geismus
Patriarchų teisumas prieš Dievą

10. skyrius Palaiminimas · 137

Abraomas, tikėjimo tėvas
Dievas laiko tikėjimą teisumu ir suteikia palaiminimus
Dievas ruošia tinkamus indus per išmėginimus
Dievas paruošia išeitį išmėginimuose
Dievas palaimina mus išbandymuose
Abraomo, tapusio garbingu indu, būdo bruožai

Paaiškinimai 2, 3

3 dalis Dėl teismo...

11. skyrius Nepaklusnumo Dievui nuodėmė · 155

Adomas, pagal Dievo paveikslą sukurtas žmogus
Adomas valgė uždrausto vaisiaus
Adomo nepaklusnumo Dievui nuodėmės padariniai
Kodėl Dievas pasodino gero ir pikto pažinimo medį
Kelias į laisvę iš nuodėmės užtraukto prakeikimo
Nepaklusnumo Dievui nuodėmės vaisiai Sauliaus gyvenime
Kaino nepaklusnumo Dievui pasekmės

12. skyrius „Nušluosiu nuo žemės paviršiaus žmones" · 167

Skirtumas tarp nedorėlio ir gero žmogaus
Kodėl Dievas teisia žmones
* Todėl, kad žmonių nedorumas didelis
* Todėl, kad jų širdys linkę į pikta
* Todėl, kad kiekvienas užmojis jų širdyse piktas
Kaip išvengti Dievo teismo

13. skyrius Neik prieš Jo valią · 179

Teismas ateina, kai stojame prieš Dievo valią
Žmonės, ėję prieš Dievo valią

14. skyrius „Sako Galybių VIEŠPATS" · 193

Dievas priešinasi išpuikėliams
Karaliaus Ezekijo puikybė
Tikinčiųjų puikybė
Netikrų pranašų puikybė
Teismas žmonėms, kurie išpuikę elgiasi nedorai
Palaiminimai teisiesiems, kurie bijo Dievo

15. skyrius Dėl nuodėmės, teisumo ir teismo · 203

Dėl nuodėmės
Kodėl Jis rodo pasauliui, kaip šis klysta dėl nuodėmės
Dėl teisumo
Kodėl Jis rodo pasauliui, kaip šis klysta dėl teisumo
Dėl teismo
Šventoji Dvasia rodo pasauliui, kaip šis klysta
Atmeskime nuodėmes ir gyvenkime teisų gyvenimą

Paaiškinimai 4

Dėl nuodėmės...

„Dėl nuodėmės, kadangi netiki manimi." (Evangelija pagal Joną 16, 9)

„Jei gera darai, argi nebūsi pripažintas? Bet jei gera nedarai, prie durų iš pasalų tykoja nuodėmė. Ji geidžia tavęs, bet tu gali ją įveikti."
(Pradžios knyga 4, 7)

„Tik prisipažink, kad esi kalta, nes prieš VIEŠPATĮ, savo Dievą, maištavai, savo palankumą švaistei svetimiems dievams po bet kokiu kupliu medžiu ir mano balso klausyti nenorėjai, tai VIEŠPATIES žodis."
(Jeremijo knyga 3, 13)

„Iš tiesų sakau jums: bus dovanoti žmonių vaikams visi nusikaltimai ir piktžodžiavimai, kad ir kaip jie piktžodžiautų, bet jei kas piktžodžiautų Šventajai Dvasiai, tam amžiais nebus dovanota, ir jis bus kaltas amžina nuodėme."
(Evangelija pagal Morkų 3, 28-29)

„O kad žinotumėte Žmogaus Sūnų turint žemėje galią atleisti nuodėmes, čia jis tarė paralyžiuotajam, sakau tau: kelkis, imk savo patalą ir eik namo."
(Evangelija pagal Luką 5, 24)

„Vėliau Jėzus jį sutiko šventykloje ir tarė: 'Štai tu esi pasveikęs. Daugiau nuodėmių nebedaryk, kad neatsitiktų kas blogesnio!'"
(Evangelija pagal Joną 5, 14)

„Argi nežinote, kad, pasiduodami kam nors vergiškai tarnauti, jūs iš tiesų tampate vergais to, kurio klausote, ar tai būtų nuodėmė, vedanti į mirtį, ar klusnumas, vedantis į teisumą?"
(Laiškas romiečiams 6, 16)

„Mano vaikeliai, rašau jums tai, kad nedarytumėte nuodėmių. O jei kuris nusidėtų, tai mes turime Užtarėją pas Tėvą, teisųjį Jėzų Kristų. Jis yra permaldavimas už mūsų nuodėmes, ir ne tik už mūsų,
bet ir už viso pasaulio."
(Jono pirmas laiškas 2, 1-2)

1. skyrius

Išgelbėjimas

*"Ir nėra niekame kitame išgelbėjimo,
nes neduota žmonėms po dangumi
kito vardo, kuriuo
galėtume būti išgelbėti."
(Apaštalų darbai 4, 12)*

Šiame pasaulyje, priklausomai nuo religijos ir kultūros, žmonės garbina visokiausius stabus; vienas stabas vadinamas net „nežinomu dievu" (Apaštalų darbai 17, 23). Mūsų laikais iš daugelio religijų doktrinų mišinio sukurta nauja religija traukia didelį dėmesį, ir daug žmonių priėmė „religinį pliuralizmą", pagrįstą filosofija, kad išgelbėjimas randamas visose religijose. Tačiau Biblija teigia, kad Kūrėjas Dievas yra vienintelis tikrasis Dievas, o Jėzus Kristus – vienintelis Gelbėtojas (Pakartoto Įstatymo knyga 4, 39; Evangelija pagal Joną 14, 6; Apaštalų darbai 4, 12).

Kūrėjas Dievas ir žmogus

Dievas tikrai yra. Kaip mes esame todėl, kad tėvai davė mums gyvybę, taip žmonija gyvena šiame pasaulyje todėl, kad Dievas sukūrė mus.

Žiūrėdami į mažą laikrodį matome, kaip daug mažyčių detalių atlieka sudėtingą darbą, kad rodytų laiką. Niekas žiūrėdamas į laikrodį negalvoja, kad jis atsirado savaime, atsitiktinai. Net mažas laikrodėlis atsirado todėl, kad kažkas sugalvojo jį ir pagamino. O kaip visata? Ji nepalyginama su laikrodžiu ir tokia sudėtinga, kad žmogaus protas negali net įsivaizduoti visų jos paslapčių ir suvokti jos masto. Saulės sistema, kuri yra tik mažytė visatos dalelė, veikia tiksliai ir be jokios klaidelės, todėl labai sunku netikėti, kad Dievas sukūrė visatą.

Tas pats ir su žmogumi. Visi organai, ląstelės ir daug kitų elementų sujungti tobulai ir atlieka labai sudėtingą darbą – tai tikras stebuklas. Tačiau visos mūsų žinios apie žmogaus kūną yra tik maža visų jo paslapčių dalelytė. Kaip galima teigti, kad žmogaus anatomija yra tik atsitiktinumas?

Pateiksiu visiems suprantamą pavyzdį. Žmogaus veidas turi dvi akis, vieną nosį, dvi šnerves, vieną burną ir dvi ausis. Akys viršuje, nosis centre, burna po nosimi ir ausys po vieną abiejose veido pusėse. Nesvarbu, ar mes juodaodžiai, kaukaziečiai ar azijiečiai. Tokie yra ne tik žmonės, bet ir gyvūnai: liūtai, tigrai, drambliai, šunys, ereliai, balandžiai ir net žuvys.

Jeigu Darvino evoliucijos teorija būtų teisinga, gyvūnai ir žmonės turėjo išsivystyti skirtingai, prisitaikydami prie savo aplinkos. Bet kodėl jų veidai tokie panašūs? Tai nepaneigimas įrodymas, kad vienas ir vienintelis Kūrėjas Dievas sukūrė mus. Faktas, kad visi buvome sukurti pagal tą patį paveikslą liudija, kad Kūrėjas yra ne kelios būtybės, bet viena būtybė.

Iš pradžių aš buvau ateistas. Girdėjau žmones sakant, kad jeigu eisi į bažnyčią, būsi išgelbėtas. Tačiau aš nežinojau, kas tas išgelbėjimas ir kaip jį gauti. Paskui vieną dieną mano skrandis atsisakė dirbti dėl besaikio gėrimo, ir sirgdamas septynerius metus praleidau lovoje. Kiekvieną vakarą mano motina įsipildavo vandens į dubenį, žiūrėdavo į Didžiuosius Grįžulo ratus ir sudėjusi rankas ilgai melsdavosi už mano išgijimą. Ji aukojo daug pinigų budistų šventykloje, bet mano liga tik sunkėjo. Mane išgelbėjo ne Didieji Grįžulo Ratai ir ne Buda, bet Dievas. Išgirdusi, kad buvau išgydytas, nuėjęs į bažnyčią, mano motina tą pačią akimirką išmetė visus savo stabus ir nuėjo į bažnyčią. Ji suprato, kad tik Dievas yra vienintelis tikras Dievas.

Nuodėmės siena tarp Dievo ir žmogaus

Visiškai akivaizdu, kad yra Kūrėjas Dievas, kuris sukūrė dangų ir žemę, bet kodėl žmonės netiki ir nesusitinka su Juo? Todėl, kad nuodėmės siena skiria žmogų nuo Dievo. Kūrėjas Dievas yra teisus ir neturi jokios nuodėmės, todėl būdami nuodėmingi negalime susisiekti su Juo.

Pasitaiko žmonių, kurie galvoja: „Aš neturiu nuodėmės." Kaip nematome dėmės ant savo marškinių, būdami tamsiame kambaryje, taip gyvendami melo tamsoje nematome savo nuodėmių. Jeigu sakome, kad tikime į Dievą, bet mūsų dvasinės akys užmerktos, nematome savo nuodėmių. ir lankome bažnyčią beprasmiškai. Lankome bažnyčią 10 ar net 20 metų, nesusitikdami Dievo ir negaudami atsakymų į savo maldas.

Mylintis Dievas nori susitikti, kalbėtis su mumis ir atsakyti į mūsų maldas. Todėl Dievas karštai prašo kiekvieno iš mūsų: „Prašau, būk geras, sugriauk nuodėmės sieną tarp tavęs ir manęs, kad laisvai ir su meile bendrautume. Prašau leisti man paimti visus tavo skausmus ir kančias."

Tarkime, mažas vaikas bando įverti siūlą į adatą. Tai labai sunku mažam vaikui, bet nesudėtinga jo tėvui. Nesvarbu, kaip tėvas nori padėti vaikui, jeigu didžiulė siena skiria juos, tėvas negali padėti vaikui. Taip pat, jeigu didžiulė nuodėmės siena skiria mus nuo Dievo, negalime sulaukti atsakymų į savo maldas. Todėl pirmiausia turime sugriauti nuodėmės sieną ir, visų svarbiausia, priimti išgelbėjimą iš Dievo.

Tikroji išgelbėjimo prasmė

Žodis „išgelbėjimas" mūsų visuomenėje naudojamas įvairiomis prasmėmis. Ištraukę iš vandens skęstantįjį, padėję kitam išvengti bankroto ar išspręsti šeimos krizę sakome, kad „išgelbėjome" jį.

Ką Biblija vadina „išgelbėjimu"? Pagal Bibliją tai žmonijos nuodėmių pašalinimas. Kitaip tariant, tai žmonių perkėlimas į Dievo paskirtą vietą, kur jie išsprendžia nuodėmės problemą ir amžinai džiaugiasi danguje. Dvasine prasme, vartai į išgelbėjimą yra Jėzus Kristus, o išgelbėjimo namai yra dangus arba Dievo karalystė.

Evangelijoje pagal Joną 14, 6 Jėzus sako: Aš esu kelias, tiesa ir gyvenimas. Niekas nenueina pas Tėvą kitaip, kaip tik per mane." Išgelbėjimas yra nuėjimas į dangų per Jėzų Kristų.

Daug žmonių evangelizuoja netikinčius, pabrėždami išgelbėjimo priėmimo svarbą. Kodėl mums reikia išgelbėjimo? Todėl, kad turime nemirtingą dvasią. Kai žmonės numiršta, siela ir dvasia atsiskiria nuo kūno, ir priėmusieji išgelbėjimą eina į dangų, o nepriėmusieji – į pragarą. Dangus yra Dievo karalystė, kupina amžinojo džiaugsmo, o pragaras – amžino skausmo ir kančių vieta – ežeras, kuris dega ugnimi ir siera (Apreiškimas Jonui 21, 8).

Dangus ir pragaras tikrai yra, todėl kai kurie žmonės matė juos regėjimuose, o kiti savo dvasia lankėsi juose. Kas mano, kad visi šie žmonės meluoja, yra tiesiog užsispyrėliai. Biblija aiškiai kalba apie dangų ir pragarą, todėl turime jais tikėti. Biblija, skirtingai nuo visų kitų knygų, skelbia išgelbėjimo žinią – Kūrėjo Dievo žodžius.

Biblijoje užrašytas žmonijos sukūrimas ir Dievo darbai. Ji nuodugniai paaiškina procesą, kaip žmogus nusidėjo, sugedo ir atsidūrė amžinosios mirties kelyje, bet Dievas išgelbėjo jį. Biblijoje užtašyti praeities, dabarties bei ateities įvykiai ir Dievo paskutinysis teismas laikų pabaigoje.

Taip, tikrai svarbu gyventi ramiai ir be problemų šiame pasaulyje. Tačiau, palyginti su dangumi, gyvenimas šiame pasaulyje labai trumpas ir laikinas. Dešimt metų atrodo ilgas laiko tarpas, bet pažvelgus atgal regis, kad viskas buvo vakar. Tas pats ir su mūsų likusiu laiku šioje žemėje. Žmogus gyvena ir daug dirba, kad įsigytų daug daiktų, bet visi jie pražus, pasibaigus žemiškajam gyvenimui. Tai kas gero iš jų?

Nesvarbu, kiek turime ir pelnome, mes nieko nepasiimsime su savimi į amžinąjį pasaulį. Net jeigu tapsime labai įžymūs ir įgausime didžiulę valdžią, kai numirsime, visi mūsų nuopelnai išblės ir galiausiai būsime pamiršti.

Išgelbėjimo metodas

Apaštalų darbai 4, 12: „Ir nėra niekame kitame išgelbėjimo, nes neduota žmonėms po dangumi kito vardo, kuriuo galėtume būti išgelbėti." Biblija sako, kad Jėzus Kristus vienintelis Gelbėtojas, galintis mus išgelbėti. Kodėl išgelbėjimas galimas tik Jėzaus Kristaus vardu? Todėl, kad reikia įveikti nuodėmės bėdą. Kad geriau suprastume, grįžkime į žmonijos pradžią, Adomo ir Ievos laikus.

Sukūręs Adomą ir Ievą, Dievas davė Adomui valdžią ir garbę valdyti visus kūrinius. Ilgą laiką jie gyveno visko pertekę Edeno sode, kol kartą pakliuvo į žalčio spąstus ir valgė vaisių nuo gero ir pikto pažinimo medžio. Nepaklusus Dievui ir paragavus uždrausto vaisiaus, nuodėmė įėjo į juos (Pradžios knyga 3, 1-6).

Laiškas romiečiams 5:12 teigia: „Todėl, kaip per vieną žmogų nuodėmė įėjo į pasaulį, o per nuodėmę mirtis, taip ir mirtis prasiskverbė į visus žmones, nes visi nusidėjo." Adomui nusidėjus, nuodėmė atėjo į šį pasaulį ir visa žmonija tapo nuodėminga. Taip mirtis užvaldė visus žmones.

Dievas išgelbėjo žmones ne besąlygiškai. Laiškas romiečiams 5:18-19 sako: „Taigi, kaip vieno žmogaus nusikaltimas visiems žmonėms užtraukė pasmerkimą, taip vieno teisus darbas visiems laimėjo nuteisinimą, kad gyventų. Kaip vieno žmogaus neklusnumu daugelis tapo nusidėjėliais, taip ir vieno klusnumu daugelis taps teisūs." Tai reiškia, kad kaip visi tapo nusidėjėliais dėl vieno žmogaus, Adomo, nuodėmės, taip vieno žmogaus klusnumu visi bus išgelbėti. Dievas visų kūrinių valdovas, bet viską daro nustatyta tvarka (Pirmas laiškas korintiečiams 14, 40) ir paruošė vieną žmogų, atitinkantį visus reikalavimus Gelbėtojui – Jėzų Kristų.

Išgelbėjimo per Jėzų Kristų apvaizda

Vienas iš dvasinių įstatymų byloja: „Atpildas už nuodėmę mirtis" (Laiškas romiečiams 6, 23). Tačiau yra ir atpirkimo iš nuodėmės įstatymas. Šis dvasinis įstatymas tiesiogiai susijęs su Izraelio žemės atpirkimo įstatymu, kuris leidžia parduoti žemę, bet ne visam laikui. Jeigu žmogus pardavė žemę dėl ekonominių sunkumų, turtingas giminaitis bet kada gali jam atpirkti ją. Jeigu žmogus neturi turtingų giminaičių, praturtėjęs pats gali atpirkti ją (Kunigų knyga 25, 23-25). Atpirkimas iš nuodėmės veikia taip pat. Žmogus gali atpirkti brolį iš nuodėmės, jei pajėgia tai padaryti, tačiau kas nors turi sumokėti kainą už nuodėmę.

Pirmame laiške korintiečiams 15, 21 parašyta: „Kaip per žmogų atsirado mirtis, taip per žmogų ir mirusiųjų prisikėlimas." Mūsų gelbėtojas turi būti žmogus. Todėl Jėzus atėjo į šį pasaulį kūne – priėmė pavidalą žmogaus, tapusio nusidėjėliu. Skolingas asmuo negali sumokėti kito skolos. Nuodėmingas žmogus negali atpirkti žmonijos iš nuodėmių. Žmogus paveldi ne tik kūno ir charakterio bruožus, bet ir savo tėvų nuodėmingą prigimtį. Mažas vaikas, pamatęs kitą vaiką, sėdintį jo mamai ant kelių, sunerimsta ir bando nustumti konkurentą. Nors niekas jo nemokė, pavydas savaime sukyla jame. Kai kurie išalkę kūdikiai pradeda isteriškai rėkti, jeigu iš karto negauna maisto. Tai iš tėvų paveldėtas įniršis. Nuodėminga prigimtis, paveldėta iš tėvų, vadinama pirmaprade nuodėme. Visi Adomo palikuonys gimsta su pirmaprade nuodėme, todėl nė vienas iš jų negali atpirkti kito iš nuodėmių.

Tačiau Jėzus gimė pradėtas Šventosios Dvasios ir nepaveldėjo pirmapradės nuodėmės iš tėvų. Augdamas Jis laikėsi visų įstatymų ir nepadarė jokios nuodėmės. Dvasinėje karalystėje nuodėmės neturėjimas yra galia. Jėzus su džiaugsmu priėmė bausmę ant kryžiaus, nes turėjo meilę, duodančią galią negailėti savo gyvybės dėl žmonijos atpirkimo iš nuodėmės. Jis numirė ant medinio kryžiaus, kad atpirktų žmoniją iš įstatymo prakeikimo (Laiškas galatams 3, 13), ir praliejo savo šventą kraują, nesuteptą jokios paveldėtos ar padarytos nuodėmės. Jis sumokėjo už visos žmonijos nuodėmes.

Dievas nepagailėjo savo viengimio Sūnaus ir atidavė Jį mirčiai ant kryžiaus, kad išgelbėtų nusidėjėlius. Jis išliejo mums didžią meilę. Jėzus įrodė savo meilę mums, atiduodamas savo gyvybę ir tapdamas mūsų sutaikymo su Dievu auka. Be Jėzaus nėra nė vieno, turinčio tokią meilę ir galią atpirkti mus iš nuodėmių. Štai kodėl tik per Jėzų Kristų galime atrasti išsigelbėjimą.

Tėvas, Sūnus ir Šventoji Dvasia

*„O Globėjas Šventoji Dvasia, kurį
mano vardu Tėvas atsiųs, jis išmokys
jus visko ir viską primins, ką esu
jums pasakęs."*
(Evangelija pagal Joną 14, 26)

Pradžios knygoje 1, 26 parašyta: „Tuomet Dievas tarė: 'Padarykime žmogų pagal mūsų paveikslą ir panašumą'" „Padarykime" reiškia Triasmenį Dievą – Tėvą, Sūnų ir Šventąją Dvasią. Nors Tėvas, Sūnus ir Šventoji Dvasia turi skirtingus vaidmenis žmogaus sukūrime ir išgelbėjimo apvaizdos įvykdyme, Trys yra viena esybė, Jie vadinami Dievu Trejybe arba Triasmeniu Dievu.

Tai labai svarbi krikščionių tikėjimo doktrina, kurioje slypi žinia apie Kūrėjo Dievo esybę, todėl sunku suprasti šią sąvoką ribotomis žmogaus žiniomis ir logika. Tačiau turime teisingai suprasti Dievo Tėvo, Sūnaus ir Šventosios Dvasios Trejybę, kad išspręstume nuodėmės problemą ir pasiektume tobulą išgelbėjimą. Tik turėdami šį supratimą galime džiaugtis buvimo Dievo vaikais palaimos ir valdžios pilnatve.

Kas yra Tėvas Dievas?

Visų pirma, Dievas yra visatos Kūrėjas. Pradžios knygos pirmas skyrius pasakoja, kaip Dievas sukūrė visatą. Dievas sukūrė dangų ir žemę iš nieko per šešias dienas savo Žodžiu. Šeštąją dieną Dievas sukūrė Adomą, žmonijos tėvą. Vien matydami tvarką ir harmoniją kūriniuose galime suprasti, kad Dievas gyvas, vienas Kūrėjas Dievas.

Dievas visažinis. Dievas tobulas ir žino viską. Jis praneša apie ateities įvykius pranašystėmis per savo artimus tarnus (Amoso knyga 3, 7). Dievas visagalis, Jis gali viską. Biblija pasakoja apie daugybę ženklų ir stebuklų, kurie neįmanomi žmogaus jėgoms ir gebėjimams.

Dievas yra vienas. Išėjimo knygos trečias skyrius pasakoja apie Dievo pasirodymą Mozei. Liepsnojančiame krūme Dievas pašaukė jį išvesti Dievo tautą iš Egipto. Tuomet Jis pasakė Mozei: „AŠ ESU, KURIS ESU." Jis paaiškino vieną iš savo savybių, kuri yra buvimas. Tai reiškia, kad niekas nesukūrė ir nepagimdė Dievo. Jis buvo prieš laiko pradžią.

Dievas yra Biblijos autorius. Kūrėjas Dievas toli pranoksta žmogų, todėl sunku paaiškinti Jo buvimą iš žmogaus perspektyvos. Dievas yra begalinė būtybė, todėl žmogus negali visko sužinoti apie Jį ribotu protu.

Biblijoje Tėvas Dievas vadinamas įvairiais vardais pagal aplinkybes. Išėjimo knyga 6, 3 sako: „Aš pasirodžiau Abraomui, Izaokui ir Jokūbui kaip Dievas Visagalis, bet vardu 'VIEŠPATS' jiems nedaviau savęs pažinti." Išėjimo knygoje 15, 3 parašyta: „VIEŠPATS yra Galiūnas, VIEŠPATS jo vardas!" Vardas „VIEŠPATS" reiškia ne tik „tas, kuris yra", bet ir tai, kad vienintelis tikrasis Dievas valdo visas pasaulio tautas ir viską visatoje.

Žodis „Dievas" turi prasmę, kuri reiškia, kad Jis gyvena su visomis tautomis ir kiekvienu žmogumi, todėl šis vardas liudija apie Jo žmogiškumą. Tuo tarpu vardas „VIEŠPATS" platesnis ir viešesnis Kūrėjo vardas. Vardas „Dievas" išreiškia žmogiškumą, glaudų Dievo dvasinį ryšį su visais žmonėmis, pavyzdžiui: „Abraomo Dievas, Izaoko Dievas ir Jokūbo Dievas."

Tai kodėl Dievą vadiname Tėvu Dievu? Todėl, kad Viešpats Dievas yra ne tik visatos Valdovas ir aukščiausiasis Teisėjas, bet ir, visų svarbiausia, žmonijos ugdymo plano autorius ir jo vykdymo generalinis direktorius. Jeigu tikime į šį Dievą, galime vadinti Jį Tėvu ir patirti nuostabią galią ir begalinę buvimo Jo vaikais palaimą.

Tėvas Dievas – žmonijos ugdymo generalinis direktorius

Kūrėjas Dievas pradėjo žmonijos ugdymą, kad įgytų ištikimų vaikų, su kuriais puoselėtų tikrus meilės santykius. Tačiau, kaip visi kūriniai, taip ir žemiškasis žmogaus gyvenimas turi pradžią ir pabaigą. Apreiškime Jonui 20, 11-15 parašyta: „Paskui aš pamačiau didelį baltą sostą ir jame Sėdintįjį, nuo kurio veido pabėgo žemė ir dangus, ir nebeliko jiems vietos. Ir pamačiau numirusius, didelius ir mažus, stovinčius priešais sostą. Ir buvo atskleistos knygos, buvo atversta dar viena, būtent gyvenimo knyga. Mirusieji buvo teisiami iš užrašų knygose pagal jų darbus. Jūra atidavė savo numirėlius, o mirtis ir mirusiųjų pasaulis atidavė savuosius. Ir kiekvienas buvo teisiamas pagal darbus. Pati mirtis ir mirusiųjų pasaulis buvo įmesti į ugnies ežerą. Tai yra antroji mirtis ugnies ežeras. Kas tik nebuvo rastas įrašytas gyvenimo knygoje, tas buvo įmestas į ugnies ežerą."

Tai teismas prie didelio balto sosto. Kai žmonijos ugdymas žemėje baigsis, Viešpats sugrįš ore pasiimti tikinčiųjų. Tuomet gyvi tikintieji bus pakelti į orą, kur bus iškelta vestuvių puota, truksianti septynerius metus. Kol ore vyks vestuvių pokylis, didysis suspaudimas žemėje truks septynerius metus. Paskui Viešpats sugrįš į žemę ir karaliaus joje tūkstantį metų. Tūkstantmečiui pasibaigus, įvyks teismas prie didelio balto sosto. Dievo vaikai, kurių vardai įrašyti gyvenimo knygoje, eis į dangų, o žmonės, neįrašyti į gyvenimo knygą, bus nuteisti pagal darbus ir eis į pragarą.

Biblija sako, kad nuo žmogaus sukūrimo akimirkos iki šios dienos Dievas vienodai mus myli. Net kai Adomas ir Ieva nusidėjo ir buvo išvaryti iš Edeno sodo, Dievas apreiškė mums savo valią, apvaizdą ir ateities įvykius per teisius žmones: Nojų, Abraomą, Mozę, Dovydą, Danielių ir kitus. Dievo galią ir artybę patiriame ir šiandien. Jis veikia per žmones, pripažįstančius ir mylinčius Jį.

Skaitydami Senąjį Testamentą suprantame, kad mylintis Dievas moko mus neįpulti į nuodėmę ir gyventi teisume. Jis moko apie nuodėmę ir teisumą, kad išvengtume teismo. Dievas moko garbinti Jį, švenčiant ypatingas šventes ir atnašaujant Jam aukas, kad nepamirštume gyvojo Dievo. Matome, kad Jis laimino tuos, kas tikėjo į Jį, ir ragino nusidėjėlius palikti savo nuodėmes – per bausmę arba kokiu nors kitu būdu. Taip pat Jis per pranašus apreikšdavo savo valią ir mokė gyventi tiesoje.

Tačiau žmonės neklausė Jo, ir toliau nuodėmiavo. Todėl Dievas atsiuntė Gelbėtoją, Jėzų Kristų, kurį paruošė prieš amžių pradžią. Jėzus atvėrė išganymo kelią, kad visi galėtų išsigelbėti tikėjimu.

Kas yra Sūnus Jėzus Kristus?

Nusidėjęs žmogus negali atpirkti kito asmens nuodėmių, tam reikia žmogaus be nuodėmės. Todėl pats Dievas turėjo priimti kūną ir ateiti į šį pasaulį – tai buvo Jėzus. Atpildas už nuodėmę mirtis, todėl Jėzus turėjo numirti ant kryžiaus, kad atpirktų mūsų nuodėmes, nes be kraujo praliejimo nėra nuodėmių atleidimo (Kunigų knyga 17, 11; Laiškas hebrajams 9, 22).

Vykdydamas Dievo apvaizdą Jėzus numirė ant medinio kryžiaus, kad išlaisvintų žmoniją iš įstatymo prakeikimo. Atpirkęs žmoniją iš jos nuodėmių Jis trečią dieną prisikėlė iš numirusių. Todėl visi, kas tiki į Jėzų Kristų Gelbėtoją, gauna nuodėmių atleidimą ir išgelbėjimą. Jėzus buvo prikeltas iš numirusių kaip užmigusiųjų pirmagimis, todėl ir mes būsime prikelti ir eisime į dangų.

Evangelijoje pagal Joną 14, 6 Jėzus sako: „Aš esu kelias, tiesa ir gyvenimas. Niekas nenueina pas Tėvą kitaip, kaip tik per mane." Jėzus yra kelias – žmonijos kelias į dangų, kur Tėvas Dievas viešpatauja. Jis yra tiesa, nes Jis Dievo Žodis, kuris tapo kūnu ir atėjo į šį pasaulį. Jis yra gyvenimas, nes per Jį vieną žmogus gauna išgelbėjimą ir amžinąjį gyvenimą.

Šioje žemėje Jėzus visiškai pakluso Įstatymui. Pagal Izraelio įstatymus Jis buvo apipjaustytas aštuntą dieną po gimimo. Jis gyveno su savo tėvais iki 30 metų amžiaus ir įvykdė visas pareigas. Jėzus neturėjo gimtosios ir nepadarė jokios nuodėmės. Petro pirmas laiškas 2, 22 apie Jėzų sako: „Jis nepadarė nuodėmės, ir jo lūpose nerasta klastos." Paskui pagal Dievo valią Jėzus pasninkavo 40 dienų, prieš pradėdamas savo tarnystę. Jis pasakojo žmonėms apie gyvąjį Dievą, skelbė dangaus karalystės evangeliją ir rodė Dievo galybę, kur tik ėjo. Jis aiškiai parodė, kad Dievas yra tikras ir aukščiausias gyvenimo ir mirties valdovas.

Jėzus atėjo į šį pasaulį papasakoti žmonėms apie Tėvą Dievą, sunaikinti priešą velnią, išgelbėti mus iš nuodėmių ir vesti amžinojo gyvenimo keliu. Evangelijoje pagal Joną 4, 34 Jėzus sako: „Mano maistas vykdyti valią to, kuris mane siuntė, ir baigti jo darbą."

Jėzus Kristus Gelbėtojas

Jėzus Kristus yra ne tik vienas iš keturių didžiausių visų laikų filosofų pasaulyje. Jis Gelbėtojas, kuris atvėrė išganymo kelią visai žmonijai, todėl negali būti lyginamas su paprastais žmonėmis, kurie yra tik kūriniai. Laiške filipiečiams 2, 6-11 parašyta: „Jis, turėdamas Dievo pavidalą, nelaikė grobiu būti lygiam su Dievu, bet apiplėšė pats save, priimdamas tarno pavidalą ir tapdamas panašus į žmones. Jis ir išore tapo kaip visi žmonės; jis nusižemino, tapdamas klusnus iki mirties, iki kryžiaus mirties. Todėl ir Dievas jį išaukštino ir padovanojo jam vardą, kilniausią iš visų vardų, kad Jėzaus vardui priklauptų kiekvienas kelis danguje, žemėje ir po žeme ir kiekvienos lūpos Dievo Tėvo šlovei išpažintų: 'Jėzus Kristus yra Viešpats!'"

Jėzus pakluso Dievui ir paaukojo save pagal Dievo valią, todėl Dievas išaukštino Jį, pasodino savo dešinėje ir pavadino karalių Karaliumi ir viešpačių Viešpačiu.

Kas yra Šventoji Dvasia, Globėjas?

Šiame pasaulyje, būdams žmogaus kūne, Jėzus turėjo veikti laiko ir erdvės ribose. Jis skelbė evangeliją Judėjos, Samarijos ir Galilėjos srityse, bet negalėjo paskelbti jos tolimuose kraštuose. Tačiau po prisikėlimo įžengęs į dangų Jėzus atsiuntė mums Šventąją Dvasią, Globėją, kuris nužengia ant visos žmonijos, peržengdamas laiko ir erdvės ribas.

Globėjo apibrėžimas: „pranašas, kuris saugo, įtikina arba padeda kitam suprasti savo klydimą"; „patarėjas, kuris padrąsina ir sustiprina kitą".

Būdama šventa ir vienos esybės su Dievu, Šventoji Dvasia ištiria net Dievo širdies gelmes (Pirmas laiškas korintiečiams 2, 10). Kaip nusidėjėlis negali regėti Dievo, taip Šventoji Dvasia negali gyventi nusidėjėlyje. Kol Jėzus buvo dar neatpirkęs mūsų savo mirtimi ant kryžiaus ir nepraliejęs savo kraujo už mus, Šventoji Dvasia negalėjo ateiti į mūsų širdis.

Tačiau po Jėzaus mirties ir prisikėlimo nuodėmės problema buvo išspręsta, ir visi, kas atveria savo širdį ir priima Jėzų Kristų, gali gauti Šventąją Dvasią. Kai žmonės tampa nuteisinti tikėjimu, Dievas duoda jiems Šventosios Dvasios dovaną, kad Ji gyventų jų širdyse. Šventoji Dvasia veda mus, ir per Ją mes galime bendrauti su Dievu.

Kodėl Dievas duoda savo vaikams Šventosios Dvasios dovaną? Todėl, kad kol Šventoji Dvasia neateina pas mus ir neatgaivina mūsų dvasios – kuri buvo mirusi dėl Adomo nuodėmės – mes negalime pažinti tiesos ir gyventi joje. Kai įtikime į Jėzų Kristų ir gauname Šventąją Dvasią, Ji ateina į mūsų širdį ir moko mus Dievo įstatymų, kurie yra tiesa, kad mes gyventume pagal juos ir pasiliktume tiesoje.

Šventosios Dvasios – Globėjo darbas

Svarbiausias Šventosios Dvasios darbas yra mūsų atgimimas. Atgimę iš naujo mes suprantame Dievo įstatymus ir stengiamės jų laikytis. Todėl Viešpats Jėzus Kristus pasakė: „Iš tiesų, iš tiesų sakau tau: kas negims iš vandens ir Dvasios, neįeis į Dievo karalystę. Kas gimė iš kūno, yra kūnas, o kas gimė iš Dvasios, yra dvasia" (Evangelija pagal Joną 3, 5-6). Jeigu negimsime iš vandens ir Šventosios Dvasios, nebūsime išgelbėti.

Čia vanduo reiškia gyvąjį vandenį – Dievo žodį. Dievo žodis arba tiesa turi visiškai apvalyti ir pakeisti mus. Ką reiškia atgimti iš Šventosios Dvasios? Kai priimame Jėzų Kristų, Dievas duoda mums Šventosios Dvasios dovaną ir pripažįsta mus savo vaikais (Apaštalų darbai 2, 38). Dievo vaikai, gavę Šventąją Dvasią, klauso tiesos žodžio ir mokosi atskirti gera nuo pikto. Kai jie meldžiasi iš visos širdies, Dievas suteikia jiems malonės ir stiprybės gyventi pagal Jo žodį. Tai gimimas iš Šventosios Dvasios. Pagal mastą, kurio Dvasia atgimdo kiekvieno tikinčiojo dvasią, tiesa keičia jį ar ją. Ir kokiu mastu tiesa pakeičia tikintįjį, tiek dvasinio tikėjimo šis gauna iš Dievo.

Antra, Šventoji Dvasia ateina pagalbon mūsų silpnumui ir užtaria mus neišsakomais atodūsiais, kad galėtume melstis (Laiškas romiečiams 8, 26). Ji taip pat palaužia mus, kad padarytų iš mūsų geresnius indus. Jėzus pasakė: „Globėjas Šventoji Dvasia, kurį mano vardu Tėvas atsiųs, jis išmokys jus visko ir viską primins, ką esu jums pasakęs" (Evangelija pagal Joną 14, 26). Šventoji Dvasia veda mus į tiesą ir apreiškia ateities įvykius (Evangelija pagal Joną 16, 13).

Kai paklūstame Šventosios Dvasios troškimams, Ji atneša vaisių mumyse ir suteikia dvasinių dovanų. Jeigu gauname Šventąją Dvasią ir elgiamės, vadovaudamiesi tiesa, Ji veikia mumyse, kad atneštume meilės, džiaugsmo, ramybė, kantrybės, malonumo, gerumo, ištikimybės, romumo ir susivaldymo vaisių (Laiškas galatams 5, 22-23). Ji duoda ir dovanų, naudingų mūsų dvasiniam gyvenimui: išminties žodį, pažinimą, tikėjimą, išgydymus, stebuklingus darbus, pranašavimą, dvasių atpažinimą, įvairių kalbų dovaną ir kalbų aiškinimą (Pirmas laiškas korintiečiams 12, 7-10).

Be to, Dvasia mums kalba (Apaštalų darbai 10, 19), duoda paliepimus (Apaštalų darbai 8, 29) ir kartais draudžia elgtis ne pagal Dievo valią (Apaštalų darbai 16, 6).

Dievas Trejybė vykdo išgelbėjimo apvaizdą

Tėvas, Sūnus ir Šventoji Dvasia pradžioje visi buvo viena. Pradžioje vienas Dievas, esantis kaip Šviesa su aidinčiu balsu, valdė visą visatą (Evangelija pagal Joną 1, 1; Jono pirmas laiškas 1, 5). Paskui, tam tikru metu, panorėjęs įgyti ištikimų vaikų, su kuriais galėtų dalintis savo meile, jis ėmė ruošti žmonijos ugdymo apvaizdos planą. Jis padalino vieną erdvę, kurioje gyveno, į daug erdvių, ir tapo Triasmeniu Dievu.

Dievas Sūnus – Jėzus Kristus gimė iš Dievo (Apaštalų darbai 13, 33; Laiškas hebrajams 5, 5), ir Dievas Šventoji Dvasia gimė iš Dievo (Evangelija pagal Joną 15, 26; Laiškas galatams 4, 6). Todėl Dievas Tėvas, Dievas Sūnus ir Dievas Šventoji Dvasia – Dievas Trejybė vykdo žmonijos išgelbėjimo apvaizdą ir toliau vykdys iki teismo prie didelio balto sosto dienos.

Kai Jėzus buvo pakabintas ant kryžiaus, Jis kentėjo ne vienas. Tėvas Dievas ir Šventoji Dvasia kentėjo su Juo. Taip pat, kai Šventoji Dvasia atlieka savo tarnystę, užtardama sielas šioje žemėje su neišsakomais atodūsiais, Tėvas Dievas ir Viešpats veikia kartu su Ja.

Jono pirmame laiške 5, 7-8 parašyta: „Mat yra trys liudytojai: Dvasia, vanduo ir kraujas, ir šie trys sutaria." Vanduo dvasiškai simbolizuoja Dievo žodžio tarnystę, o kraujas Viešpaties tarnystę ir Jo kraujo praliejimą ant kryžiaus. Atlikdamas savo tarnystes Dievas Trejybė paliudija apie išgelbėjimą visiems tikintiesiems.

Evangelija pagal Matą 28, 19 sako: „Tad eikite ir padarykite mano mokiniais visų tautų žmones, krikštydami juos vardan Tėvo ir Sūnaus, ir Šventosios Dvasios." Antras laiškas korintiečiams 13,

13 laimina mus: „Viešpaties Jėzaus Kristaus malonė, Dievo meilė ir Šventosios Dvasios bendrystė tebūna su jumis visais!" Žmonės krikštijami ir laiminami Dievo Trejybės vardu.

Dievas Tėvas, Dievas Sūnus ir Dievas Šventoji Dvasia yra vienos prigimties, vienos širdies ir vienos minties, ir kiekvieno iš Jų vaidmenys žmonijos ugdyme tvarkingai suskirstyti. Dievas aiškiai atskyrė Senojo Testamento laikotarpį, kuriame Dievas Tėvas pats vedė savo tautą; Naujojo Testamento laikotarpį, kuriame Jėzus atėjo į šį pasaulį tapti žmonijos Gelbėtoju; ir dabartinį malonės laikotarpį, kuriame Šventoji Dvasia, Globėjas, vykdo savo tarnystę. Dievas Trejybė vykdė ir tebevykdo savo valią šiuose trijuose laikotarpiuose.

Apaštalų darbuose 2, 38 parašyta: „„Atsiverskite, ir kiekvienas tepasikrikštija vardan Jėzaus Kristaus, kad būtų atleistos jums nuodėmės; tada gausite Šventosios Dvasios dovaną." Tuo tarpu Antras laiškas korintiečiams 1, 22 sako: „Kuris [Dievas] ir užantspaudavo mus ir davė kaip užstatą Dvasią į mūsų širdis." Jeigu priimame Jėzų Kristų ir gauname Šventąją Dvasią, mes ne tik įgyjame teisę tapti Dievo vaikais (Evangelija pagal Joną 1, 12), bet ir esame Šventosios Dvasios vedami, kad atmestume nuodėmę ir gyventume šviesoje. Kai mūsų sielai sekasi, viskas sekasi, ir mes gauname dvasios ir kūno sveikatos palaiminimą, o nuėję į dangų džiaugsimės amžinuoju gyvenimu!

Jeigu Dievas Tėvas būtų vienas, neturėtume išgelbėjimo. Mums reikia Jėzaus Kristaus, nes tik nuplauti nuo nuodėmių įeisime į Dievo karalystę. Jeigu norime atmesti nuodėmes ir tapti panašūs į Dievo paveikslą, mums reikia Šventosios Dvasios pagalbos. Dievas Trejybė – Tėvas, Sūnus ir Šventoji Dvasia – padeda mums, todėl galime pasiekti tobulą išgelbėjimą ir atnešti garbę Dievui.

Paaiškinimai

Kūnas ir kūno darbai

Žodis „kūnas" dvasine prasme reiškia mūsų širdyse slypinčią netiesą, kuri iškyla į viešumą per veiksmus. Pavyzdžiui, neapykanta, pavydas, svetimavimas, puikybė ir kitos blogybės, kurios pasireiškia smurtu, priekabiavimu, žmogžudystėmis ir kitais tamsos darbais, bendrai vadinami „kūnu", o kiekviena iš šių nuodėmių atskirai – „kūno darbais".

Kjøttets begjær, øyets lyst, livets skrytende stolthet

„Kūno geismas" reiškia ydas, verčiančia žmones daryti nuodėmes, pasiduodant kūno geiduliams. Tai neapykanta, puikybė, įniršis, tingumas, svetimavimas ir taip toliau. Šie nuodėmingi polinkiai juos provokuojančioje aplinkoje iškelia aikštėn kūno geismą. Pavyzdžiui, jeigu kas nors turi nuodėmingą polinkį teisti ir smerkti kitus, jam ar jai patinka klausyti gandų ir apkalbinėti kitus.

„Akių geismas" reiškia nuodėmingą savybę geisti kūniškų dalykų, kai širdis stumiama į nuodėmę per matomus vaizdais ar girdimus garsus. Akių geismas suaktyvėja, matant ir girdint šio pasaulio dalykus. Jeigu neatmetame šių dalykų ir toliau skiriame jiems dėmesį, sužadiname kūno geismą ir galiausiai padarome nuodėmę.

„Gyvenimo puikybė" reiškia ydingą polinkį pasirodyti prieš kitus, girtis ir puikuotis šio pasaulio malonumais. Žmogus, užvaldytas šios ydos, siekia šio pasaulio daiktų, kad pasirodytų prieš kitus.

3 skyrius

Kūno darbai

„Kūno darbai aiškūs – tai paleistuvavimas, ištvirkavimas, netyrumas, gašlavimas, stabmeldystė, burtininkavimas, priešiškumai, nesantaikos, pavyduliavimai, piktumai, vaidai, nesutarimai, susiskaldymai, pavydai, žmogžudystės, girtavimai, orgijos ir panašūs dalykai. Įspėju jus, kaip jau esu įspėjęs, jog tie, kurie taip daro, nepaveldės Dievo karalystės."
(Laiškas galatams 5, 19-21; K. Burbulio vertimas)

Net ilgą laiką tikintys krikščionys gali nežinoti termino „kūno darbai", nes daug bažnyčių vengia konkrečiai kalbėti apie nuodėmę. Tačiau, kaip sako Evangelija pagal Matą 7, 21: „Ne kiekvienas, kuris man šaukia: 'Viešpatie, Viešpatie!' įeis į dangaus karalystę, bet tik tas, kuris vykdo mano dangiškojo Tėvo valią," mes turime žinoti Dievo valią ir nuodėmes, kurių Dievas nekenčia.

Dievas vadina nuodėme ne tik regimus blogus darbus, bet

ir neapykantą, įtarumą, pavydą, kitų teisimą bei smerkimą, grubumą, klastą ir kitas nedorybes. Pagal Bibliją viskas, kas daroma ne pagal įsitikinimą (Laiškas romiečiams 14, 23), mokėjimas daryti gera ir nedarymas (Jokūbo laiškas 4, 17), darymas ne gėrio, kurio norime, bet blogio, kurio nenorime (Laiškas romiečiams 7, 19-20), kūno darbai (Laiškas galatams 5, 19-21) ir kūno rūpesčiai (Laiškas romiečiams 8, 5) yra nuodėmė.

Šios nuodėmės tampa siena, skiriančia mus nuo Dievo, kaip parašyta Izaijo knygoje 59, 1-3: „VIEŠPATIES ranka nėra sutrumpėjusi, kad negalėtų gelbėti, nei jo ausis apkurtusi, kad neišgirstų. Bet jūsų kaltės atskyrė jus nuo jūsų Dievo, jūsų nuodėmės uždengė jo veidą, ir jis nebegirdi jūsų. Juk jūsų rankos suteptos krauju, jūsų pirštai kalte. Jūsų lūpos kalba melagystes, jūsų liežuvis šnabžda apgaulę."

Kokia konkreti nuodėmės siena stovi tarp mūsų ir Dievo?

Kūno reikalai ir kūno darbai

Žodis „kūnas" paprastai reiškia materialų žmogų. tačiau dvasinis „kūno" apibrėžimas kitoks. Laiške galatams 5, 24 parašyta: „Kurie yra Kristaus Jėzaus, tie nukryžiavo savo kūnus su aistromis ir geismais." Tai nereiškia, kad turime fiziškai nukryžiuoti savo kūnus.

Turime žinoti dvasinę „kūno" prasmę, kad suprastume

aukščiau pacituotą eilutę. Žodis „kūnas" ne visada naudojamas dvasine prasme. Kartais jis reiškia tik žmogaus kūną. Todėl turime gerai žinoti šį terminą, kad suprastume, kada jis naudojamas dvasine prasme ir kada ne.

Pradžioje žmogus buvo sukurtas su dvasia, siela ir kūnu, neturintis nuodėmės. Tačiau nepaklusęs Dievo žodžiui, žmogus tapo nusidėjėliu. Atpildas už nuodėmę mirtis (Laiškas romiečiams 6, 23), todėl dvasia, žmogaus valdovė, numirė. Žmogaus kūnas tapo beprasmis, laikui bėgant, jis pasensta, genda ir galiausiai pavirsta dulkėmis. Žmogus turi nuodėmę savo kūne ir veiksmais daro nuodėmes. Štai iš kur atsirado „kūno" terminas.

Dvasinis terminas „kūnas" reiškia nuodėmingas savybes ir žmogaus kūną, netekusį tiesos. Biblijoje naudojamas terminas „kūnas" reiškia veiksmais dar nepadarytą nuodėmę, kuri bet kada gali būti padaryta. Tai nuodėmingos mintys ir visokios kitokios nuodėmės mūsų kūne. Visos šios nuodėmės bendrai vadinamos „kūno rūpesčiais".

Kitaip tariant, neapykanta, puikybė, įniršis, teisimas, smerkimas, svetimavimas, godumas ir kitos nuodėmingos aistros bendrai vadinamos „kūnu", o kiekviena atskirai „kūno rūpesčiais". Kol žmogaus širdyje slypi kūno rūpesčiai, šiems palankioms aplinkybėms susiklosčius, jie gali tapti nuodėmingais veiksmais. Pavyzdžiui, žmogaus širdies polinkis į apgaulę gali būti nepastebimas normaliomis aplinkybėmis, bet pavojui ar krizei iškilus jis ar ji gali pameluoti kitam apgaulingais žodžiais ar poelgiais.

Nuodėmės, kurios iškyla į viešumą, taip pat yra „kūnas ", bet padarytos pavieniui vadinamos „kūno darbais". Pavyzdžiui, jei norite smogti kam nors, šis blogas noras yra „kūno rūpestis", o jeigu tikrai smogiate kam nors, tuomet tai :kūno darbas".

Pradžios knygoje 6, 3 parašyta: „Tuomet VIEŠPATS tarė: 'Mano Dvasia nepasiliks amžinai žmoguje, nes jis yra ir kūnas.'" Dievas pareiškė, kad nebebus su žmogumi amžinai, nes šis pavirto kūnu. Ar tai reiškia, kad Dievas ne su mumis? Ne. Priėmę Jėzų Kristų, gavę Šventąją Dvasią, atgimę iš naujo ir tapę Dievo vaikais mes jau nebe kūniški žmonės.

Jeigu gyvename pagal Dievo žodį ir paklūstame Šventosios Dvasios vedimui, Ji atgimdo mūsų dvasią, ir mes pasikeičiame į dvasios žmones. Dievas, būdamas dvasia, pasilieka su tais, kas kiekvieną dieną keičiasi į dvasios žmones. Tačiau Dievas nebūna su tais, kurie sako, kad tiki, tačiau toliau nuodėmiauja ir daro kūno darbus. Biblija daug kartų pabrėžia, kad tokie žmonės negali būti išgelbėti (Psalmynas 92, 7; Evangelija pagal Matą 7, 21; Laiškas romiečiams 6, 23).

Kūno darbai, trukdantys žmogui paveldėti Dievo karalystę

Ilgai gyvenę nuodėmėse, bet paskui supratę, kad esame nusidėjėliai ir priėmę Jėzų Kristų stengiamės nebedaryti kūno darbų, kurie mums atrodo kaip akivaizdžios nuodėmės. Taip, Dievui nepatinka kūno rūpesčiai, bet būtent kūno darbai gali neleisti mums paveldėti Dievo karalystės. Todėl turime stengtis niekada nebedaryti kūno darbų.

Jono pirmame laiške 3, 4 parašyta: „Kiekvienas, kuris daro nuodėmę, laužo įstatymą, nuodėmė tai įstatymo laužymas." „Kiekvienas, kuris daro nuodėmę" čia reiškia kiekvieną, kuris daro kūno darbus. Nuodėmių darymas yra įstatymo laužymas, ir jeigu jūs darote nuodėmes, Biblija įspėja, kad nebūsite išgelbėti, net jei sakysite, jog esate tikintys.

Pirmas laiškas korintiečiams 6, 9-10 sako: „Argi nežinote, kad neteisieji nepaveldės Dievo karalystės? Neklyskite! Nei ištvirkėliai, nei stabmeldžiai, nei svetimautojai nei sanguliautojai su vyrais, nei vagys, nei gobšai, nei girtuokliai, nei keikūnai, nei plėšikai nepaveldės Dievo karalystės."

Evangelijos pagal Matą 13-as skyrius aiškiai sako, kas bus tokiems žmonėms pasaulio pabaigoje: „Žmogaus Sūnus išsiųs savo angelus, tie išrankios iš jo karalystės visus papiktintojus bei nedorėlius ir įmes juos į žioruojančią krosnį. Ten bus verksmas ir dantų griežimas" (41-42 eilutės). Kodėl jų laukia toks siaubas? Todėl, kad užuot stengęsi atmesti nuodėmes, šie žmonės gyveno, taikydamiesi prie pasaulio melo. Todėl Dievo akyse jie ne „kviečiai", bet „pelai".

Svarbiausia išsiaiškinti, kokių nuodėmių siena atsitvėrėme nuo Dievo, ir nugriauti šią sieną. Tik išsprendus nuodėmės problemą, Dievas pripažins mus turinčiais tikėjimą, o mes augsime ir bręsime, tapę „kviečiais". Mūsų maldos bus išklausytos, mes patirsime išgydymą ir palaiminimus.

Akivaizdūs kūno darbai

Kūno darbai pasireiškia veiksmais, todėl aiškiai matome padarytų nuodėmių bjaurumą. Akivaizdžiausi kūno darbai yra ištvirkimas, nepadorybė ir gašlumas. Tai seksualinės nuodėmės, ir darantieji jas negali būti išgelbėti. Jie turi nedelsdami atgailauti ir nutraukti savo gėdingus darbus.

1) Ištvirkavimas, netyrumas, gašlavimas

Ištvirkavimas yra nuodėmingas viengungių vyrų ir netekėjusių moterų lytinis gyvenimas. Mūsų laikų visuomenė skendi nuodėmėse, todėl lytiniai santykiai prieš santuoką tapo norma. Tačiau, net jeigu žmonės ketina tuoktis ir myli vienas kitą, tai nuodėmingas elgesys, bet šiais laikas žmonės net nesigėdija jo. Jie nelaiko tokio elgesio nuodėme. Taip atsitiko todėl, kad per teatrą ir kino filmus visuomenė paverčia nuodėmingą aistrų tenkinimą ir išdavystes „nuostabiomis meilės istorijomis". Žmonės, kurie nuolat žiūri ir įsitraukia į tokius filmus, iškreipia nuodėmės suvokimą savo prote ir palaipsniui tampa visiškai nejautrūs nuodėmei.

Ištvirkavimas nepriimtinas etiniu bei moraliniu požiūriu ir daug kartų bjauresnis šventam Dievui. Jeigu du žmonės tikrai myli vienas kitą, pirmiausia jie turi per santuoką gauti palaiminimą iš Dievo ir savo tėvų bei giminaičių, o paskui palikti savo tėvus ir tapti vienu kūnu.

Antra, amoralus lytinis gyvenimas yra vyro ar moters duotų šventų santuokos įžadų laužymas. Kitaip tariant, tai vyro arba žmonos lytiniai santykiai ne su savo teisėtu sutuoktiniu. Tačiau be paleistuvystės tarpusavio santykiuose, žmonės dažnai įklimpsta į dvasinę paleistuvystę – vadina save tikinčiaisiais, bet garbina stabus, eina pas aiškiaregius ar kerėtojus, pasikliauja juodąja magija ir burtais. Tai piktųjų dvasių ir demonų garbinimas.

Skaičių knyga 25-ame skyriuje pasakoja, kaip izraelitai, gyvendami Šitimuose, ne tik ištvirkavo su Moabo moterimis, bet ir lenkėsi jų dievams. Dievo rūstybė ištiko juos, ir 24 000 žmonių mirė nuo maro per vieną dieną. Kai žmonės sako, kad tiki į Dievą, bet ieško stabų ir demonų pagalbos, jie dvasiškai paleistuvauja ir išduoda Dievą.

Netyrumas užvaldo žmogų, kai jo nuodėminga aistra nueina per toli. Pavyzdžiui, kai paleistuvystės aistra nueina per toli, įsilaužęs plėšikas gali išprievartauti ir motiną, ir jos dukterį.

Pavydas, nuėjęs per toli, taip pat gali tapti netyrumu. Pavyzdžiui, kai žmogus taip pavydi kitam, kad nusipiešia šio paveikslą ir mėto į jį strėles arba bado adatomis, pavydas perauga į netyrumą. Prieš įtikėjimą į Dievą žmogus gali turėti daug ydų: neapykantą, pavydą, paleistuvystę ir taip toliau. Dėl Adomo pirmosios nuodėmės, visi žmonės gimsta su netiesa, įsišaknijusia jų viduje. Kai šie nuodėmingi polinkiai žmoguje peržengia ribą, moralės bei etikos normas, ir atneša žalos ir skausmo kitiems, jį užvaldo netyrumas.

Gašlavimas yra juslinių malonumų siekis, seksualiniai geiduliai ir fantazijos bei visi nepadorūs veiksmai, tenkinat šiuos geidulius. Gašlavimas skiriasi nuo ištvirkavimo, nes gašlūno mintys, žodžiai ir veiksmai beveik visą laiką sukasi apie amoralų lytinį gyvenimą. Pavyzdžiui: apie santykiavimą su gyvuliu arba homoseksualius santykius – moters su moterimi arba vyro su vyru – sekso įrankių naudojimą ir visus kitus gašlius veiksmus.

Mūsų laikų visuomenėje teigiama, kad reikia rodyti pagarbą homoseksualiems žmonėms. Tačiau tai prieštarauja Dievo valiai ir sveikam protui (Laiškas romiečiams 1, 26-27). Vyrai, kurie laiko save moterimis, ir moterys, laikančios save vyrais, arba transseksualai taip pat nepriimtini Dievui (Pakartoto Įstatymo knyga 22, 5). Tai ardo Dievo nustatytą tvarką kūrinijoje.

Visuomenei sugedus dėl nuodėmės, pirmiausia pašlyja lytinio gyvenimo moralė ir etika. Istorija liudija, kad nesveika lytinio gyvenimo kultūra užtraukia Dievo teismą. Sodoma ir Gomora bei Pompėja labai geri pavyzdžiai. Mūsų visuomenės lytinio gyvenimo kultūra nepataisomai smunka visame pasaulyje, tai liudija apie artėjančią Paskutiniojo teismo dieną.

2) Stabmeldystė, burtininkavimas ir priešiškumas

Stabmeldystė paprastai dalijami į dvi pagrindines kategorijas. Pirmoji kategorija – tai pasidaryto fizinio dievo pavidalo arba kokio nors kito daikto garbinimas. Žmonės nori daiktų, kuriuos gali pamatyti savo akimis, paliesti rankomis ir pajausti. Žmonės naudoja medį, akmenį, geležį, auksą ar sidabrą, iš kurių daro žmogaus, žvėrių, paukščių ar žuvų atvaizdus ir garbina juos. Be to, jie pavadina dievais, saulę, mėnulį bei žvaigždes ir lenkiasi jiems (Pakartoto Įstatymo knyga 4, 16-19). Tai stabmeldystė.

Išėjimo knyga 32-ame skyriuje pasakoja, kaip Mozei užlipus ant Sinajaus kalno gauti Įstatymo ir greitai negrįžus, izraelitai pasidarė aukso veršį ir garbino jį. Savo akimis matę daug ženklų ir stebuklų, jie vis tiek netikėjo ir galų gale pradėjo garbinti stabą. Tai matydamas Dievas užsirūstino ir pasakė, kad sunaikins juos. Karšta Mozės malda tąkart išgelbėjo jiems gyvybę, bet visi išėjusieji iš Egipto, turintys virš dvidešimt metų nebegalėjo įžengti į Kanaano žemę ir mirė dykumoje. Tai rodo, kaip Dievas nekenčia, stabų darymo ir garbinimo bei lenkimosi jiems.

Jeigu mylime ką nors labiau negu Dievą, tai mūsų stabas. Laiške kolosiečiams 3, 5-6 parašyta: "Numarinkite, kas jūsų nariuose žemiška: ištvirkavimą, netyrumą, aistringumą, piktą pageidimą, taip pat godumą, kuris yra stabmeldystė. Dėl šių dalykų ateina Dievo rūstybė netikėjimo vaikams."

Pavyzdžiui, jeigu žmogus turi daug godumo širdyje, jis gali mylėti materialines gėrybes labiau negu Dievą ir, stengdamasis uždirbti daugiau pinigų, nešvęsti Viešpaties dienos. Žmogaus bandymas patenkinti savo širdies godumą, labiau negu Dievą mylint kitus žmones ar dalykus – savo sutuoktinį, vaikus, garbę, valdžią, žinias, pramogas, televiziją, sportą, pomėgius ar pasimatymus – ir vengiant maldos bei ugningo dvasinio gyvenimo, tai pat yra stabmeldystė.

Dievas liepė mums negarbinti stabų, todėl kai kurie žmonės klausia: "Tai Dievas nori, kad mes garbintume ir mylėtume tik Jį?" ir mano, kad Dievas savanaudis, bet jie klysta. Visų pirma, Dievas liepė mums mylėti Jį ne todėl, kad Jis diktatorius, bet nukreipdamas į visavertį ir orų gyvenimą. Jeigu žmogus myli ir garbina kitus dalykus labiau negu Dievą, jis negali atlikti savo pareigų ir atsikratyti nuodėmės savo gyvenime.

Burtininkavimas – tai žmogaus, tariamai turinčio antgamtiškų galių arba iššaukiančio piktųjų dvasių pagalbą, kerėjimai ar užkeikimai, dar vadinami juodąja magija arba raganavimu. Šamanų, aiškiaregių ir kitų žiniuonių paslaugos taip pat priklauso šiai kategorijai. Žmonės kreipiasi į šamanus ir aiškiaregius pagalbos, kad jų vaikai įstotų į aukštąsias mokyklas arba sukurtų laimingą santuoką. Šeimos sunkumams iškilus, jie įsigyja amuletų ir sėkmės talismanų. Dievo vaikai turi niekada nedaryti tokių dalykų, nes tai piktųjų dvasių kvietimas į savo gyvenimą, atnešantis kur kas didesnių bėdų.

Kerai ir užkeikimai – tai žmonių apgaudinėjimo taktika, panaši į sukčių planus apgauti žmones arba įvilioti į spąstus. Dvasiniu požiūriu, burtininkavimas yra kito žmogaus apgavimas klastingais būdais. Šiandien tamsa viešpatauja įvairiose mūsų visuomenės gyvenimo srityse.

Priešiškumas yra piktinimasis kitu ir noras, kad jo gyvenimas sužlugtų. Jeigu nuodugniai ištirtume žmonių, priešiškai nusiteikusių kitų atžvilgiu, širdis, pamatytume, kad jie atsiriboja ir nekenčia kitų todėl, kad šie jiems dėl ko nors nepatinka, arba dėl savo piktumo. Kai pyktis išauga ir peržengia tam tikrą ribą, jie griebiasi veiksmų, kenkiančių kitiems: šmeižto, apkalbinėjimų ir visokių kitų piktų darbų.

Samuelio pirmoje knygoje, 16-ame skyriuje parašyta, kad vos tik VIEŠPATIES dvasia paliko Saulių, piktosios dvasios pradėjo jį kankinti. Kai Dovydas grodavo lyra, Sauliui palengvėdavo, ir piktosios dvasios nuo jo atsitraukdavo. Taip pat Dovydas nukovė filistinų milžiną Galiotą akmeniu, paleistu svaidykle, ir išgelbėjo Izraelio tautą nuo krizės, rizikuodamas savo gyvybe ir būdams ištikimas Sauliui. Tačiau šis bijojo, kad Dovydas nepaverztų sosto, ir daug metų persekiojo Dovydą, norėdamas nužudyti. Galų gale Dievas apleido Saulių. Dievo žodis liepia mylėti net savo priešus. Todėl turime niekada nebūti niekam priešiški.

3) Nesantaika, pavyduliavimas, piktumai

Nesantaika prasideda, kai žmonės savo asmeninę naudą ir valdžią laiko svarbesnėmis už kitų ir kovoja už jas. Paprastai ginčai prasideda dėl godumo, kuris sukelia konfliktus ir sukelia nesantaiką tarp valstybių vadovų, politinių partijų narių, giminių, bažnyčios narių, kitaip tariant, ardo visus tarpusavio santykius.

Korėjos istorijoje taip pat buvo nesantaikos tarp šalies vadovų. Dae Won Goon, paskutiniojo imperatoriaus iš Chosun dinastijos tėvas ir jo marti, imperatore Myong Sung, susiginčijo dėl politinės valdžios, ir skirtingos užsienio šalys palaikė kiekvieną iš jų. Nesantaika tęsėsi daugiau negu dešimt metų. Tai atvedė valstybę į chaosą, kuris paskatino ginkluotą sukilimą ir net valstiečių revoliuciją. Daug politinių lyderių buvo nužudyti, imperatorė Myong Sung neteko gyvybės nuo žudikų iš Japonijos rankų. Galiausiai dėl šio dviejų valstybės vadovų ginčo, Korėja neteko nepriklausomybės ir atiteko Japonijai.

Nesutarimų būna tarp vyro ir žmonos arba tėvų ir vaikų. Jeigu abu sutuoktiniai reikalauja vienas iš kito savo norų vykdymo, prasideda nesantaika, kuri gali baigtis net skyrybomis. Kartais sutuoktiniai bylinėjasi teisme ir lieka priešais visam gyvenimui. Nesantaika bažnyčioje leidžia veikti šėtonui, kuris neleidžia bažnyčiai augti ir trukdo jai vaisingai darbuotis visose srityse.

Biblijoje randame daug aprašymų apie nesutarimus ir nesantaiką. Samuelio antroje knygoje 18, 7 parašyta, kad Dovydo sūnaus Absalomo vadovaujamo sukilimo metu per vieną dieną žuvo dvidešimt tūkstančių vyrų. Saliamonui mirus, Izraelis buvo padalintas į šiaurinę Izraelio karalystę ir pietinę Judo karalystę, tačiau net po to nesantaika ir karai toliau tęsėsi. Nesantaika ir kova dėl sosto vyko ypač aršiai šiaurinėje Izraelio karalystėje. Tikiuosi, jog žinodami, kad nesantaika veda skausmą ir sunaikinimą, jūs visada sieksite kitų naudos ir taikos.

Pavyduliavimas – tai atsiskyrimas nuo kitų ir piktumas, manant, kad jiems geriau sekasi. Išaugęs pavyduliavimas gali pavirsti į baisų pyktį ir sukelti nesantaiką bei ginčus.

Biblija pasakoja, kaip dvi Jokūbo žmonos, Lėja ir Rachelė, pavyduliavo viena kitai savo vyro, (Pradžios knyga, 30 skyrius). Karalius Saulius pavyduliavo Dovydui, kuriam tauta rodė daugiau meilės negu jam (Samuelio pirma knyga 18, 7-8). Kainas pavyduliavo savo broliui Abeliui ir nužudė jį (Pradžios knyga

4, 1-8). Pavyduliavimas kyla iš širdies nedorybės, skatinančios žmogų patenkinti savo godumą.

Jūs tikrai pavyduliaujate, jeigu pasijuntate nesmagiai, kai kitas klesti, ir viskas jam sekasi. Be to, jūs imate piktintis juo ir norite to, ką jis turi. Taip pat, jeigu lyginate save su kitu ir nuliūstate, pavyduliavimas yra pagrindinė jūsų bėda. Kai tas žmogus panašus į jus amžiumi, tikėjimu, patirtimi bei kilme ir gyvena panašioje aplinkoje, gana lengva pajusti jam pavydą. Dievas liepė mums mylėti artimą kaip save patį, ir jeigu kitus pagiria už tai, kad nusipelnė daugiau negu mes, Dievas nori, kad taip džiaugtumėmės su jais, lyg patys būtume pagirti.

Piktumai yra pykčio, kurio nebesulaikome viduje, išraiška, dažnai sukelianti baisias pasekmes. Pavyzdžiui, tai smurto naudojimas ar net nužudymas už tai, kad kas nors nesutinka su jūsų nuomone. Paprastas susierzinimas ir jo išraiška neatima išgelbėjimo iš mūsų, bet jeigu esate linkę į įtūžį, galite pasiduoti piktumams. Todėl turite išrauti iš savo širdies ir atmesti šią nedorybę.

Karalius Saulius pavyduliavo Dovydui ir atkakliai bandė nužudyti jį tik todėl, kad žmonės pelnytai gyrė jį! Biblijoje aprašyti keli Sauliaus piktumų atvejai. Vieną kartą jis sviedė ietį į Dovydą (Samuelio pirma knyga 18, 1). Saulius sunaikino Nobo miestą tik todėl, kad bėgdamas Dovydas rado jame prieglobstį. Tai buvo kunigų miestas, ir Saulius išžudė ne tik vyrus, moteris, vaikus ir kūdikius, bet ir jaučius, asilus ir avis (Samuelio pirma knyga 22, 19). Jeigu pasiduosime piktumams, pridarysime daugybę sunkių nuodėmių.

4) Vaidai, nesutarimai, susiskaldymai

Vaidai išskiria žmones. Jeigu kas nors jiems nepatinka, jie suformuoja klikas arba grupes. Tai ne tik artimi žmonės, turintys bendrų interesų ir dažnai susitinkantys. Tai priešiškos grupės, kurių nariai apkalba kitus, kritikuoja, teisia ir smerkia. Šios klikos gali susiformuoti šeimoje, kaimynų tarpe ir net bažnyčioje. Pavyzdžiui, jeigu kam nors nepatinka pastorius ar bažnyčios vyresnieji ir jis pradeda apkalbinėti juos su savo bendraminčiais, jie tampa „šėtono sinagoga". Šie žmonės trukdo Dievo tarnams, teisdami ir smerkdami juos, todėl jų bažnyčia negali patirti prabudimo.

Nesutarimai sukelia susiskaldymus ir atsiskyrimą nuo kitų, vykdant savo valią ir planus. Vaidai ir nesutarimai gali atvesti į bažnyčios skilimą. Tai kūno darbas, prieštaraujantis Dievo gerai valiai, nes tokie veiksmai grindžiami žmogaus įsitikinimu, kad jis vienas teisingai galvoja, ir viskas turi būti sutvarkyta taip, kad tarnautų jo naudai.

Dovydo sūnus Absalomas išdavė savo tėvą ir sukilo prieš jį (Samuelio antra knyga, 15 skyrius), nes pasidavė godumui.

Šiame sukilime daug izraelitų, net Dovydo patarėjas Ahitofelis, prisijungė prie Absalomo ir išdavė Dovydą. Dievas apleidžia žmones, pasidavusius kūno darbams. Absalomas ir visi jo pasekėjai buvo nugalėti ir susilaukė gėdingos mirties.

Nesutarimai dažnai kurstomi eretikų, išsiginančių net juos atpirkusio Viešpaties, kuris atpirko juos, ir užsitraukiančių greitą žlugimą (Petro antras laiškas 2, 1). Jėzus Kristus praliejo savo kraują mūsų išgelbėjimui, kai mes skendėjome nuodėmėje, todėl teiginys, kad Jis atpirko mus savo krauju, teisingas. Jeigu sakome, kad tikime į Dievą, bet neigiame Šventąją Trejybę arba Jėzų Kristų, kuris atpirko mus savo krauju, tuomet užsitraukiame greitą žlugimą.

Kartais stokodami supratimo žmonės kaltina kitus erezijomis tik todėl, kad jie truputį kitokie. Tačiau tai labai pavojinga ir gali trukdyti Šventosios Dvasios darbui. Jeigu žmonės tiki Dievu trejybe – Tėvu, Sūnumi ir Šventąja Dvasia bei pripažįsta Jėzų Kristų, negalime kaltinti jų erezija.

5) Pavydai, girtavimai, apsirijimai

Pavydai – tai pavyduliavimo pasireiškimas veiksmais. Pavyduliavimas yra nepasitenkinimas arba piktinimasis kitais, kai jiems sekasi, o pavydai yra tolesnis žingsnis, kai nepasitenkinimas perauga į veiksmus, žalingus kitiems. Paprastai, pavydai būdingi moterims, bet jų tikrai būna ir tarp vyrų. Pavydai veda į sunkias nuodėmes, net žmogžudystes. Jeigu ir nenueina taip toli, pavydai skatina kitų žeminimą ir skaudinimą, nedorus veiksmus prieš juos ir sąmokslų rengimą.

Toliau girtavimai. Biblija pasakoja, kaip po tvano Nojus pasigėrė vynu ir padarė klaidą. Pasigėręs Nojus prakeikė savo antrąjį sūnų, atidengusį jo silpnybę. Laiške efeziečiams 5, 18 parašyta: „Ir nepasigerkite vynu, kuriame slypi pasileidimas, bet būkite pilni Dvasios." Tai reiškia, kad girtumas yra nuodėmė.

Biblija mini vyną geriančius žmones todėl, kad Izraelyje buvo daug dykumų ir labai trūko vandens. Todėl buvo leidžiama gerti vynuogių vyną ir svaigiuosius gėrimus iš kitų saldžių vaisių (Pakartoto Įstatymo knyga 14, 26). Tačiau izraelitai gėrė vyną vietoje vandens, bet ne tam, kad pasigertų. Dabar mūsų šalyje pakanka geriamojo vandens, todėl mums nereikia gerti vyno ir kitų alkoholinių gėrimų. Biblijoje Dievas ragina tikinčiuosius susilaikyti nuo svaigiųjų gėrimų, pavyzdžiui, vyno (Kunigų knyga 10, 9; Laiškas romiečiams 14, 21). Patarlių knygoje 31, 4-6 parašyta: „Vynas ne karaliams, Lemueli! Ne karaliams gerti vyną, ne valdovams mėgti svaigųjį gėrimą, kad gerdami nepamirštų, ką įstatas liepia, ir nepažeistų visų vargo žmonių teisių. Verčiau duok svaigųjį gėrimą žūstančiam, o vyną žmogui, kuriam gyvenimas apkarto."

Galite paklausti: „Kas blogo truputį išgerti, bet ne tiek,

kad apsvaigtum?" Tačiau, jei išgersite truputį, jūs vis tiek apsvaigsite, tik truputį. Pasigėrę žmonės praranda savitvardą, ir net ramus bei švelnus žmogus pasigėręs gali tapti agresyvus. Girti žmonės dažnai vulgariai kalba ir grubiai elgiasi arba kelia scenas. Girtumas aptemdo racionalų protą ir atskyrimą, todėl apsvaigę žmonės pridaro įvairių nuodėmių. Labai dažnai žmonės sugriauna savo sveikatą, daug gerdami, tampa alkoholikais ir žlugdo ne tik savo, bet ir savo mylimųjų gyvenimą. Net žinodami apie girtavimo žalą, pradėję gerti žmonės dažnai negali sustoti ir sugriauna savo gyvenimą. Štai kodėl girtavimas įtrauktas į kūno darbus.

Apsirijimai gali būti vergavimas įvairioms ydoms: girtavimui, žaidimams, lošimui ir kitiems dalykams, apleidžiant savo pareigas darbe ir namuose. Nesusilaikymas, seksualinių malonumų vaikymais ir amoralus gyvenimo būdas taip pat priskiriami prie apsirijimų.

Kita mūsų visuomenės bėda yra žmonių prabangių daiktų ir garsių firmų prekių įsigijimo manija. Žmonės perka dizainerių rankines, drabužius, batus ir kitus daiktus, kurie jiems ne pagal kišenę, naudodamiesi kredito kortelėmis, ir įklimpsta į milžiniškas skolas. Negalėdami grąžinti skolų kai kurie daro nusikaltimus arba nusižudo. Žmonėms, negalintiems sutramdyti savo godumo, tenka susidurti su pasekmėmis.

6) Ir panašūs dalykai...

Dievas šiais žodžiais sako, kad be čia išvardintų yra ir kitų kūno darbų. Tačiau neturime išsigąsti ir pasiduoti, pagalvoję: „Kaip aš atsikratysiu šių visų nuodėmių?" Galite turėti labai daug nuodėmių, bet jeigu tvirtai pasiryšite širdyje ir labai stengsitės, tikrai išsivaduosite iš visų nuodėmių. Vengdami kūno darbų stenkitės daryti gerus darbus, nuolatos melskitės, ir Dievo malonė suteiks jums galios keistis. Žmonės patys negali pasikeisti, bet Dievui viskas įmanoma (Evangelija pagal Morkų 10, 27).

Kas atsitiks, jeigu jūs gyvensite kaip pasaulio žmonės, įklimpę į nuodėmę ir apsirijimą, nors girdėjote ir žinote, kad nepaveldėsite Dievo karalystės, jeigu darysite kūno darbus? Tuomet jūs esate kūniški, kitaip sakant, „pelai," ir nebūsite išgelbėti. Pirmame laiške korintiečiams 15, 50 parašyta: „Bet aš jums, broliai, tvirtinu: kūnas ir kraujas nepaveldės Dievo karalystės, ir kas genda, nepaveldės to, kas negenda." Jono pirmas laiškas 3, 8 sako: „Kas daro nuodėmę, tas iš velnio, nes velnias visas nuodėmėse nuo pat pradžios."

Turime atsiminti, kad jeigu darome kūno darbus ir stipriname nuodėmės sieną, skiriančią mus nuo Dievo, negalime susitikti Jo, sulaukti atsakymų į maldas ir paveldėti Dievo karalystės, kitaip tariant, dangaus.

Jeigu jūs priėmėte Jėzų Kristų ir gavote Šventąją Dvasią, tai nereiškia, kad pajėgsite oš karto atmesti visus kūno darbus.

Tačiau Šventosios Dvasios padedami turite stengtis šventai gyventi ir melstis su Šventosios Dvasios ugnimi. Tuomet jūs vieną po kito atmesite kūno darbus. Net jeigu turite kūno darbų, kurių dar nepajėgėte atmesti, bet labai stengiatės, Dievas vadins jus ne kūnišku žmogumi, bet savo vaiku, kuris tapo teisus tikėjimu, ir ves jus į išgelbėjimą.

Tačiau tai nereiškia, kad turite likti tame pačiame lygyje ir toliau daryti kūno darbus. Turite stengtis atmesti ne tik regimus kūno darbus, bet ir neregimus kūno rūpesčius. Senojo Testamento laikais buvo sunku atmesti kūno darbus, nes Šventoji Dvasia dar nebuvo atsiųsta, ir žmonės turėjo daryti tai savo jėgomis. Tačiau dabar, Naujojo Testamento laikais, mes galime atmesti kūno darbus su Šventosios Dvasios pagalba ir būti pašventinti.

Todėl Jėzus Kristus jau atleido visas mūsų nuodėmes, praliejęs savo kraują ant kryžiaus ir atsiuntęs Šventąją Dvasią, Globėją. Meldžiuosi, kad priėmę Šventosios Dvasios pagalbą atmestumėte visus kūno darbus bei kūno rūpesčius ir būtumėte pripažinti ištikimais Dievo vaikais.

: 4 skyrius :

„Duokite atsivertimą liudijančių vaisių"

„Tuomet pas jį ėmė rinktis Jeruzalės gyventojai, visa Judėja ir visa Pajordanė. Jie išpažindavo nuodėmes ir buvo jo krikštijami Jordano upėje. Pamatęs daug fariziejų ir sadukiejų, einančių krikštytis, Jonas juos barė: 'Angių išperos, kas jus pamokė bėgti nuo besiartinančios rūstybės? Duokite atsivertimą liudijančių vaisių! Ir nemėginkite raminti: 'Juk mūsų tėvas – Abraomas'. Aš jums sakau, kad Dievas gali pažadinti Abraomui vaikų iš šitų akmenų. Štai kirvis jau prie medžio šaknų, ir kiekvienas medis, kuris neduoda gerų vaisių, bus iškirstas ir įmestas į ugnį.'"
(Evangelija pagal Matą 3, 5-10)

Jonas buvo pranašas, gimęs prieš Jėzų, „ištiesinęs Viešpačiui taką". Jonas žinojo savo gyvenimo tikslą. Laikui atėjus, jis uoliai skelbė naujieną apie Jėzų, ateinantį Mesiją. Tuo metu žydų tauta laukė Mesijo, kuris išgelbės jų valstybę. Judėjos dykumoje

Jonas šaukė: "Atsiverskite, nes prisiartino dangaus karalystė!" (Evangelija pagal Matą 3, 2) Jis krikštijo vandeniu žmones, kurie atgailavo už savo nuodėmes, ir ragino priimti Jėzų savo Gelbėtoju.

Evangelijoje pagal Matą 3, 11-12 parašyta: "Aš jus krikštiju vandeniu atsivertimui, bet po manęs ateis galingesnis už mane; aš nevertas jam nė apavo nuauti. Jisai krikštys jus Šventąja Dvasia ir ugnimi. Jo rankoje – vėtyklė, ir jis išvalys savo kluoną. Kviečius surinks į klėtį, o pelus sudegins neužgesinama ugnimi." Jonas iš anksto pasakė žmonėms, kad Jėzus, Dievo Sūnus, atėjęs į šį pasaulį, yra mūsų Gelbėtojas ir bus mūsų Teisėjas pasaulio pabaigoje.

Jonas vadino "angių išperomis" ir barė fariziejus ir sadukiejus, ateinančius krikštytis. Jonas taip elgėsi todėl, kad jie negalėjo išsigelbėti be pakankamų atgailos vaisių. Pažvelkime atidžiau į Jono griežtus žodžius ir išsiaiškinkime, kokių konkrečių vaisių turime duoti, kad būtume išgelbėti.

Angių išperos

Fariziejai ir sadukiejai laikėsi skirtingų judaizmo krypčių. Fariziejai vadino save "atskirtaisiais". Jie tikėjo į teisiųjų prisikėlimą ir nusidėjėlių teismą, griežtai laikėsi Mozės įstatymo ir protėvių tradicijų, todėl užėmė aukštą padėtį visuomenėje.

Kita vertus, sadukiejai buvo kilmingi kunigai, kurių svarbiausi interesai buvo šventykloje, o pažiūros ir tradicijos buvo kitokios negu fariziejų. Jie palaikė Romos vadžią ir netikėjo prisikėlimu, sielos nemirtingumu, angelais ir dvasinėmis būtybėmis. Jie manė, kad net Dievo karalystė laikina.

Evangelijoje pagal Matą 3, 7 Jonas Krikštytojas rūsčiai pareiškė fariziejams ir sadukiejams: „Angių išperos, kas jus pamokė bėgti nuo besiartinančios rūstybės?" Kodėl Jonas pavadino juos „angių išperomis", nors šie manė tikintys į Dievą?

Fariziejai ir sadukiejai teigė tikintys į Dievą ir mokė Įstatymo, tačiau jie neatpažino Dievo Sūnaus Jėzaus. Todėl Evangelijoje pagal Matą 16, 1-4 parašyta: „Čia pas jį atėjo fariziejų ir sadukiejų jo mėginti. Jie prašė parodyti jiems ženklą iš dangaus. Jis atsakė: 'Atėjus vakarui jūs sakote: 'Bus giedra, nes dangus raudonas' – ir rytmetį: 'Šiandien bus lietaus, nes rausta apniukęs dangus'. Taigi jūs mokate aiškinti dangaus veidą, o laiko ženklų – ne. Pikta ir neištikima giminė reikalauja ženklo, tačiau jai nebus duota kitokio ženklo, kaip tik Jonos ženklas.' Ir palikęs juos nuėjo šalin." Evangelija pagal Matą 9, 32-34 sako: „Jiems pasitraukus, štai buvo atvestas demono apsėstas nebylys. Išvarius demoną, nebylys prakalbo. Minios stebėjosi ir sakė: 'Dar niekad Izraelyje nėra buvę tokių dalykų'. O fariziejai kalbėjo: 'Jis išvaro demonus jų valdovo galia'". Geri žmonės būtų džiaugęsi ir garbinę Dievą, Jėzui išvarius demoną. Tačiau fariziejai neapkentė Jėzaus, teisė ir smerkė Jį, sakydami, kad Jis daro velnio darbus.

Evangelijos pagal Matą 12-as skyrius pasakoja, kaip žmonės,

ieškodami preteksto apkaltinti Jėzų, paklausė, ar leistina šabo dieną gydyti. Žinodamas jų kėslus, Jėzus papasakojo jiems apie avį, įkritusią į duobę per šabą, jiems paaiškindamas, kad leistina daryti gera šabo dieną. paskui Jis pagydė žmogų, kurio ranka buvo paralyžiuota. Tačiau, užuot pasimokę, jie surengė sąmokslą Jėzų pražudyti. Jėzus darė jiems neįmanomus darbus, todėl šie Jam pavydėjo.

Jono pirmame laiške 3, 9-10 parašyta: „Kas yra gimęs iš Dievo, nedaro nuodėmės, nes jame laikosi Dievo sėkla. Jis negali daryti nuodėmių, nes yra gimęs iš Dievo. Taip išaiškėja Dievo vaikai ir velnio vaikai; tas, kuris elgiasi neteisiai, nėra iš Dievo; taip pat tas, kuris savo brolio nemyli". Tai reiškia, kad žmogus, kuris daro nuodėmes, yra ne iš Dievo.

Fariziejai ir sadukiejai teigė tikintys į Dievą, tačiau buvo pilni nedorybių. Jie pavyduliavo, neapkentė, puikavosi, teisė smerkė ir darė kitus kūno darbus. Jie tik formaliai laikėsi Įstatymo ir siekė pasaulio garbės. Jie buvo užvaldyti šėtono, senosios gyvatės (Apreiškimas Jonui 12, 9), todėl Jonas Krikštytojas ir pavadino juos „angių išperomis".

Duokite atsivertimą liudijančių vaisių

Jeigu esame Dievo vaikai, turime likti šviesoje, nes Dievas yra šviesa (Jono pirmas laiškas 1, 5). Jeigu pasiliekame tamsoje, kuri yra šviesos priešingybė, mes ne Dievo vaikai. Jeigu gyvename, nepaisydami teisumo, kuris yra Dievo žodis, arba nemylime tikėjimo brolių, nesame gimę iš Dievo (Jono pirmas laiškas 3, 10). Tokių žmonių maldos nebūna išklausytos. Jie negali būti išgelbėti ir tuo labiau patirti Dievo veikimo.

Evangelija pagal Joną 8, 44 sako: „Jūsų tėvas – velnias, ir jūs pasišovę tenkinti jo užgaidas. Jis nuo pat pradžios buvo galvažudys ir niekuomet nesilaikė tiesos, jame ir nėra buvę tiesos. Skleisdamas melą, jis kalba, kas jam sava, nes jis melagis ir melo tėvas."

Visi žmonės dėl Adomo maišto gimsta velnio, tamsos valdovo, vaikais. Tik gavę atleidimą per tikėjimą į Jėzų Kristų gimstame iš naujo ir tampame Dievo vaikais. Tačiau, jeigu sakote, kad tikite į Jėzų Kristų, bet širdyje laikote nuodėmes ir pikta, jūs negalite būti tikru Dievo vaiku.

Jeigu norime tapti Dievo vaikais ir būti išgelbėti, turime skubiai atgailauti dėl visų kūno rūpesčių bei kūno darbų ir duoti atsivertimą liudijančių vaisių – elgtis pagal Šventosios Dvasios norus.

Nemėginkite ramintis, kad Abraomas jūsų tėvas

Liepęs fariziejams ir sadukiejams duoti atsivertimą liudijančių vaisių Jonas Krikštytojas pareiškė: „Ir nemėginkite ramintis: 'Juk mūsų tėvas – Abraomas'. Aš jums sakau, kad Dievas gali pažadinti Abraomui vaikų iš šitų akmenų" (Evangelija pagal Matą 3, 9). Kokia dvasinė šios eilutės prasmė? Abraomo palikuonys turi būti panašūs į jį, bet skirtingai nuo Abraomo, tikėjimo tėvo ir teisaus vyro, fariziejų ir sadukiejų širdys buvo pilnos nuodėmių ir neteisumo. Darydami piktus darbus ir paklusdami velniui, jie laikė save Dievo vaikais. Štai kodėl Jonas barė juos, lygindamas su Abraomu. Dievas žiūri į žmogaus širdį, bet ne išvaizdą (Samuelio pirma knyga 16, 7).

Laiške romiečiams 9, 6-8 parašyta: „Netiesa, kad gali neišsipildyti Dievo žodis. Ne visi, kilę iš Izraelio, priklauso Izraeliui. Ir ne visi Abraomo palikuonys yra jo vaikai; juk pasakyta: Iš Izaoko tau bus pašaukti palikuonys. Tai reiškia, ne kūno vaikai yra Dievo vaikai, bet tiktai pažado vaikai laikomi palikuonimis."

Tėvas Abraomas turėjo daug sūnų, tačiau tik Izaoko palikuonys tapo tikraisiais Abraomo palikuonimis – pažado vaikais. Fariziejai ir sadukiejai buvo izraelitai pagal kraują, bet skirtingai nuo Abraomo, nesilaikė Dievo žodžio. Dvasiškai jie negalėjo būti pripažinti Abraomo vaikais.

Lygiai taip pat Jėzaus Kristaus priėmimas ir bažnyčios lankymas automatiškai nepadaro žmonių Dievo vaikais. Dievo vaikas yra žmogus, kuris gavo išgelbėjimą per tikėjimą. Turėti tikėjimą reiškia ne tik girdėti Dievo žodį. Turime vykdyti jį. Jeigu lūpomis išpažįstame esantys Dievo vaikai, bet mūsų širdys pilnos nedorybių, kurios Dievui bjaurios, negalime vadintis Dievo vaikais.

Jeigu Dievui būtų reikėję piktai besielgiančių vaikų kaip fariziejai ir sadukiejai, Jis būtų pasirinkęs negyvus akmenis savo vaikais, bet Dievo valia kitokia.

Dievui reikia ištikimų vaikų, su kuriais Jis galėtų dalintis savo meile. Dievui reikia tokių vaikų kaip Abraomas, kuris mylėjo Dievą ir visiškai pakluso Jo žodžiams, visą laiką vadovaudamasis meile ir gerumu. Todėl žmonės, kurie neatsikrato savo širdies nedorybių, negali atnešti tikro džiaugsmo Dievui. Jeigu mes kaip fariziejai ir sadukiejai vykdome velnio valią, bet ne Dievo, tuomet Dievui nereikėjo kurti ir ugdyti žmogaus. Jis galėjo paversti akmenis Abraomo vaikais!

„Kiekvienas medis, kuris neduoda gerų vaisių, bus iškirstas ir įmestas į ugnį"

Jonas fariziejams ir sadukiejams pasakė: „Štai kirvis jau prie medžio šaknų, ir kiekvienas medis, kuris neduoda gerų vaisių, bus iškirstas ir įmestas į ugnį" (Evangelija pagal Matą 3, 10). Tai reiškia, kad Dievo žodis jau paskelbtas, ir visi bus teisiami pagal savo darbus. Todėl kiekvienas medis, kuris neduoda gerų vaisių – kaip fariziejai ir sadukiejai – bus įmestas į pragaro ugnį.

Evangelijoje pagal Matą 7, 17-21 Jėzus sako: „Juk geras

medis duoda gerus vaisius, o netikęs medis blogus. Geras medis negali duoti blogų vaisių, o netikęs gerų. Kiekvienas medis, kuris neduoda gerų vaisių, bus iškirstas ir įmestas į ugnį. Taigi jūs pažinsite juos iš vaisių. Ne kiekvienas, kuris man šaukia: 'Viešpatie, Viešpatie!' įeis į dangaus karalystę, bet tik tas, kuris vykdo mano dangiškojo Tėvo valią." Dar Jis sakė: „Aš esu vynmedis, o jūs šakelės. Kas pasilieka manyje ir aš jame, tas duoda daug vaisių; nuo manęs atsiskyrę, jūs negalite nieko nuveikti. Kas nepasiliks manyje, bus išmestas laukan ir sudžius kaip šakelė. Paskui surinks šakeles, įmes į ugnį, ir jos sudegs" (Evangelija pagal Joną 15, 5-6). Dievo vaikai, kurie elgiasi pagal Jo valią ir duoda gerų vaisių, įžengs į dangų, bet žmonės, kurie to nedaro, yra velnio vaikai ir bus įmesti į pragaro ugnį.

Pragaro aprašymuose Biblijoje dažnai naudojamas žodis „ugnis". Apreiškimas Jonui 21, 8 sako: „O bailiams, neištikimiems, nešvankėliams, žudikams, ištvirkėliams, burtininkams, stabmeldžiams ir visiems melagiams skirta dalis ežere, kuris dega ugnimi ir siera; tai yra antroji mirtis." Pirmoji mirtis yra žmogaus fizinio gyvenimo pabaiga, o antroji mirtis – sielos, nemirtingo žmogaus, nuteisimas ir įmetimas į amžinąją pragaro ugnį, kuri niekada neužges.

Pragaras sudarytas iš ugnies ežero ir degančios sieros ežero. Žmonės, kurie netiki į Dievą, ir tie, kurie sako, kad tiki, bet skendi nuodėmėse ir neduoda atsivertimo vaisių, neturi nieko bendra su Dievu, todėl bus įmesti į pragaro ugnies ežerą. Žmonės, padarę neįsivaizduojamai blogų darbų, rimtai priešinęsi Dievui ir netikri pranašai, nusivedę į pragarą daug žmonių, bus įmesti į degančios sieros ežerą, kuris septynis kartus karštesnis už ugnies ežerą (Apreiškimas Jonui 19, 20).

Kai kas prieštarauja ir teigia, kad jeigu gavote Šventąją Dvasią, ir jūsų vardas įrašytas gyvenimo knygoje, jūs būsite išgelbėti, nieko nepaisant. Tačiau tai netiesa. Apreiškime Jonui 3, 1 parašyta: „Aš žinau tavo darbus: tave vadina gyvu, o tu esi miręs." Apreiškimas Jonui 3, 5 sako: „Taigi nugalėtojas bus aprengtas baltais drabužiais, ir jo vardo neištrinsiu iš gyvenimo knygos. Aš išpažinsiu jo vardą savo Tėvo ir jo angelų akivaizdoje." Žodžiai „tave vadina gyvu" skirti tiems, kurie priėmė Jėzų Kristų ir buvo įrašyti į gyvenimo knygą. Tačiau čia Dievo žodis sako, kad darančio nuodėmes ir pasukusio mirties keliu žmogaus vardas gali būti ištrintas iš gyvenimo knygos.

Išėjimo knygoje 32, 32-33 parašyta, kaip Dievas užsirūstino ant izraelitų dėl stabmeldystės ir ketino sunaikinti juos. Tuomet Mozė užtarė Izraelio sūnus, prašė Dievo jiems atleisti arba ir jį ištrinti iš gyvenimo knygos. Dievas jam atsakė: „Tą, kuris nusidėjo man, tik tą ištrinsiu iš savo knygos" (Išėjimo knyga 32, 33). Tai reiškia, kad net jeigu jūsų vardas buvo įrašytas įgyvenimo knygą, jis gali būti ištrintas, jeigu atpulsite nuo Dievo.

Biblija kalba apie kviečių atskyrimą nuo pelų tikinčiųjų

tarpe. Evangelija pagal Matą 3, 12 sako: „Jo rankoje vėtyklė, ir jis išvalys savo kluoną. Kviečius surinks į klėtį, o pelus sudegins neužgesinama ugnimi." Taip pat Evangelijoje pagal Matą 13, 49-50 parašyta: „Taip bus ir pasaulio pabaigoje: išeis angelai, išrankios bloguosius iš gerųjų ir įmes juos į žioruojančią krosnį. Ten bus verksmas ir dantų griežimas."

„Gerieji" čia tikintieji, o „blogieji" tie, kas vadinasi tikinčiais, bet yra pelai, turi mirusį tikėjimą, kuris yra tikėjimas be darbų. Šie žmonės bus įmesti į pragaro ugnį.

Vaisiai, liudijantys atsivertimą

Jonas Krikštytojas ragino žmones ne tik atgailauti, bet ir duoti vaisių, liudijančių atsivertimą. Kas yra atsivertimą liudijantys vaisiai? Tai šviesos, Šventosios Dvasios ir meilės vaisiai – nuostabūs tiesos vaisiai. Laiške galatams 5, 22-23 parašyta: „Dvasios vaisius yra meilė, džiaugsmas, ramybė, kantrybė, malonumas, gerumas, ištikimybė, romumas, susivaldymas." Ir Laiške efeziečiams 5, 9 pasakyta: „Šviesos vaisiai reiškiasi visokeriopu gerumu, teisumu ir tiesa." Pažvelkime į devynis Šventosios Dvasios vaisius, kurie yra tikrai geri vaisiai.

Pirmasis vaisius yra meilė. Pirmas laiškas korintiečiams 13-ame skyrius sako, kad „Meilė kantri, meilė maloninga, ji nepavydi; meilė nesididžiuoja ir neišpuiksta" (4-5 eilutės). Kitaip sakant, tikroji meilė yra dvasinė. Tai pasiaukojanti meilė, galinti atiduoti savo gyvybę dėl Dievo karalystės ir Jo teisumo. Įgyjame šią meilę, atmesdami nuodėmę, nedorybes bei neteisumą ir būdami pašventinti.

Antrasis vaisius – džiaugsmas. Žmonės, turintys džiaugsmo vaisių, džiaugiasi ne tik, kai viskas gerai sekasi, bet visose aplinkybėse bei situacijose. Jie džiaugiasi dangaus viltimi, nesirūpina ir, susidūrę su bet kokiais sunkumais, meldžiasi su tikėjimu ir būna išklausyti. Jie tiki, kad visagalis Dievas yra jų Tėvas, todėl visuomet džiaugiasi, be paliovos meldžiasi ir dėkoja visose aplinkybėse.

Ramybė yra trečiasis vaisius. Žmonės, turintis šį vaisių, nekonfliktuoja su kitais. Tokie žmonės neturi neapykantos, polinkio ginčytis, savanaudiškumo, laiko kitus aukštesnius, aukojasi dėl kitų, tarnauja jiems ir maloniai elgiasi. Tai padeda jiems visada turėti ramybę.

Ketvirtasis vaisius – kantrybė. Šis vaisius yra kantrybė tiesoje per supratimą ir atleidimą. Tai nereiškia atrodyti kantriam, užgniaužus pyktį ir verdant viduje. Tai reiškia atsikratyti pykčio bei įniršio ir prisipildyti gerumu bei tiesa. Tai gebėjimas suprasti ir priimti kitus. Subrandinęs šį vaisių žmogus neturi neigiamų jausmų, jam visai netinka žodžiai „atlaidus" ir „pakantus". Šis vaisius ne tik praturtina bendravimą su kitais, bet ir padeda atkakliai kovoti su savo širdies nedorybėmis, kantriai laukiant, kol maldos ir prašymai bus Dievo išklausyti.

Penktasis vaisius, malonumas, leidžia suprasti žmones ir dalykus, kurių neįmanoma suprasti, ir atleisti, kai neįmanoma to padaryti. Jeigu galvojate tik apie save ir visada jaučiatės teisūs, jūs neturite malonumo vaisiaus. Tik pamiršę save, plačiai atvėrę širdį ir su meile rūpindamiesi kitais žmonėmis, galime tikrai suprasti ir atleisti.

Šeštasis vaisius yra gerumas. Tai Kristaus charakterio kopijavimas: Jėzus niekada nesiginčijo ir nesipuikavo, nenulaužė palūžusios nendrės ir neužgesino rusenančio dagčio. Ištikima širdis atmeta visas nuodėmes ir visada ieško gerumo Šventojoje Dvasioje.

Septintasis vaisius – ištikimybė. Tai reiškia būti ištikimam iki mirties – kovojant su nuodėmėmis ir atmetant jas, kad pripildytume savo širdį tiesa. Taip pat tai reiškia ištikimai atlikti pareigas bažnyčioje, namuose, darbe ir visur kitur – būti ištikimam „visuose Dievo namuose".

Aštuntasis vaisius – romumas. Subrandinti romumo vaisių

reiškia turėti minkštą kaip vata širdį, priimančią visus žmones. Jeigu išsiugdome romią širdį, kad ir kaip kas nors stengtųsi mus įžeisti, neįsižeidžiame ir nepatiriame skausmo. Jeigu mesite akmenį į didelį vatos gniužulą, akmuo be trenksmo paskęs vatoje. Jeigu turite romumo vaisių, jūs priimate daugybę įvairių žmonių, kurie ateina pas jus, ieškodami atilsio ir atgaivos.

Paskutinis vaisius, susivaldymas, užtikrina stabilumą visose jūsų gyvenimo srityse. Tvarkingai gyvendami jūs subrandinate visus reikalingus vaisius reikiamu metu, todėl džiaugiatės nuostabiu ir palaimintu gyvenimu.

Dievas nori, kad turėtume geras širdis, todėl Evangelijoje pagal Matą 5, 14 sako: „Jūs pasaulio šviesa," ir 16-oje eilutėje: „Taip tešviečia ir jūsų šviesa žmonių akivaizdoje, kad jie matytų gerus jūsų darbus ir šlovintų jūsų Tėvą danguje." Jeigu atnešame šviesos vaisių, pasilikdami šviesoje per atgailą, mūsų gyvenime viešpatauja gerumas, teisumas ir tiesa (Laiškas efeziečiams 5, 9).

Žmonės, davę atsivertimą liudijančių vaisių

Kai atgailaujame už nuodėmes ir duodame atsivertimą liudijančių vaisių, Dievas pripažįsta mūsų tikėjimą ir laimina išklausytomis maldomis. Dievas pasigaili mūsų, kai atgailaujame iš visos širdies.

Sunkumų laikais Jobas aptiko pikta savo širdyje ir atgailavo dulkėse bei pelenuose. Tuomet Dievas išgydė visus jo skaudulius ir palaimino dvigubai didesniu turtu, negu šis anksčiau turėjo. Jis palaimino jį dar gražesniais vaikais, negu šis anksčiau turėjo (Jobo knyga, 42-as skyrius). Kai Jona atgailavo, būdamas didžiulės žuvies pilve, Dievas jį išgelbėjo. Ninevės gyventojai atgailavo, išgirdę apie Dievo rūstybę dėl jų nuodėmių, ir Dievas atleido jiems (Jonos knyga, 2-3 skyriai). Ezekijas, 13-as Judo karalystės karalius išgirdo Dievo žodžius: „Tu mirsi, nebeišgysi." Tačiau, kai jis atgailaudamas verkė, Dievas pratęsė jam gyvenimą 15 metų (Karalių antra knyga, 20-as skyrius).

Jeigu piktą darbą padaręs žmogus gailisi iš visos širdies ir tikrai palieka savo nuodėmę, Dievas pasigaili jo. Dievas gelbsti savo vaikus. Psalmyne 103, 12 parašyta: „Kaip toli Rytai nuo Vakarų, taip toli nuo mūsų jis išsklaido mūsų nuodėmes."

Karalių antros knygos ketvirtas skyrius pasakoja apie žymią moterį Šuneme, kuri ištikimai tarnavo pranašui, rodydama jam svetingumą. Ji susilaukė sūnaus, kurio seniai troško, nors net neprašė jo. Ji tarnavo Eliziejui ne dėl palaiminimo, bet iš meilės, rūpindamasi Dievo tarnu. Dievui patiko jos geri darbai, ir Jis palaimino ją pastojimu.

Apaštalų darbų knyga 9-ame skyriuje pasakoja apie mokinę Tabitą, garsią gerais darbais ir išmaldomis. Kai ji susirgo ir numirė, Dievas per Petrą prikėlė ją iš numirusių. Dievas labai nori atsakyti į savo vaikų, duodančių gerų vaisių, maldas ir apipilti juos savo malone bei palaiminimais.

Todėl turime aiškiai žinoti Dievo valią ir duoti atsivertimą liudijančių vaisių. Mums reikia ugdytis panašią į Viešpaties širdį ir teisingai elgtis. Jeigu ištyrę save Dievo žodžio šviesoje pamatėte, jog ne visada laikotės Dievo žodžio, meldžiuosi, kad sugrįžtumėte pas Jį, ir duotumėte gausių Šventosios Dvasios, šviesos bei meilės vaisių, kad visos jūsų maldos būtų išklausytos.

Paaiškinimai

Skirtumas tarp nuodėmės ir blogio

Nuodėmė yra bet koks poelgis, prieštaraujantis tikėjimui. Tai nieko nedarymas, žinant, kaip teisingai pasielgti. Kalbant platesne prasme, viskas, kas nesusiję su tikėjimu yra nuodėmė, todėl didžiausia nuodėmė – netikėjimas į Jėzų Kristų.

Blogis yra viskas, kas nepriimtina pagal Dievo žodį, kitaip sakant, viskas, kas prieštarauja tiesai. Tai nuodėminga prigimtis, gyvenanti širdyje. Nuodėmė yra konkreti, išorinė arba regima žmogaus širdies blogio išraiška. Blogis yra nematomas, tačiau nuodėmė yra širdyje esančio blogio pasekmė.

Kas yra gerumas?

Žodynai apibrėžia gerumą kaip „moralinį tobulumą, dorybę". Tačiau gerumo standartai skiriasi ir priklauso nuo žmogaus sąžinės. Todėl absoliutus gerumo standartas yra tik gerojo Dievo žodyje. Gerumas yra tiesa, kitaip tariant, Dievo žodis. Tai paties Dievo valia ir mintis.

5 skyrius

„Bodėkitės pikto, laikykitės gero"

*„Meilė tebūna be veidmainystės.
Bodėkitės pikto, laikykitės gero."
(Laiškas romiečiams 12, 9)*

Mūsų laikais pyktis dažnai vyrauja santykiuose tarp tėvų ir vaikų, tarp sutuoktinių, brolių ir seserų bei kaimynų. Žmonės bylinėjasi dėl palikimo, o kartais išduoda vienas kitą dėl savo naudos. Jie užsitraukia ne tik kitų neapykantą, bet ir didžiules kančias sau patiems. Todėl Dievas pasakė: „Susilaikykite nuo visokio blogio!" (Pirmas laiškas tesalonikiečiams 5, 22)

Pasaulis vadina dorą ir sąžiningą žmogų geru. Tačiau dažnai žmogaus dorumas ir sąžiningumas Dievo žodžio šviesoje atrodo visai nekaip ir kartais tiesiogiai prieštarauja Dievo valiai. Turime atsiminti, kad Dievo žodis – ir tik Jo žodis – yra absoliutus gerumo standartas. Todėl viskas, kas ne pagal Dievo žodį, yra blogis.

Kuo skiriasi nuodėmė nuo pikto arba blogio? Šie du dalykai atrodo panašūs, bet jie skirtingi. Jeigu palygintume su medžiu, blogis yra slypinčios po žeme nematomos šaknys, o nuodėmė – regimos medžio dalys: šakos, lapai ir vaisiai. Medis gyvas todėl, kad turi šaknis, o žmogus nusideda dėl blogio savo viduje. Blogis yra nuodėminga žmogaus širdies prigimtis, apimanti visas savybes, nukreiptas prieš Dievą. Kai blogis pasireiškia mintimis ar darbais jis tampa nuodėme.

Kaip piktos mintys virsta nuodėme

Evangelija pagal Luką 6, 45 sako: „Geras žmogus iš gero savo širdies lobyno ima gera, o blogasis iš blogo lobyno ima bloga. Jo burna kalba tai, ko pertekusi širdis." Širdyje slypinti neapykanta pasireiškia sarkastiškomis pastabomis, kandumu ir kitomis nuodėmėmis. Atidžiau pažvelkime į Dovydą ir Judą Iskarijotą, kad suprastume, kaip piktos mintys virsta nuodėme.

Vieną vakarą karalius Dovydas vaikščiojo ant savo rūmų stogo, pamatė besimaudančią moterį ir pajuto pagundą. Jis pasišaukė ją ir svetimavo su ja. Ta moteris buvo Batšeba, o jos vyras Ūrija tuo metu buvo kare. Dovydas, sužinojęs, kad Batšeba pastojo, suplanavo sąmokslą ir, kai Ūrija žuvo mūšio lauke, vedė Batšebą. Žinoma, Dovydas tik pasiuntė Ūriją į priekines fronto linijos, nenužudė jo savo rankomis, ir tais laikais karalius galėjo turėti tiek žmonų, kiek norėjo. Tačiau Dovydo širdyje buvo akivaizdus Ūrijo mirties troškimas. Jeigu laikote piktas mintis savo širdyje, galite bet kada nusidėti. Šios nuodėmės pasekmės buvo Dovydo ir Batšebos sūnaus mirtis bei jo kito sūnaus Absalomo išdavystė. Dovydas buvo priverstas bėgti, o Absalomas dienos metu miegojo su savo tėvo sugulovėmis žmonių akivaizdoje. Šio maišto metu karalystėje žuvo daug žmonių, įskaitant Absalomą. Svetimavimo ir žmogžudystės nuodėmė užtraukė vargą Dovydui ir jo tautai.

Judas Iskarijotas, vienas iš dvylikos Jėzaus mokinių, yra puikus išdaviko pavyzdys. Jis praleido su Jėzumi trejus metus ir matė daugybę stebuklų, neįmanomų be Dievo galios. Jis buvo atsakingas už mokinių pinigų krepšį ir, neatsikratęs savo širdies godumo, vogdavo pinigus iš kasos ir panaudodavo savo reikmėms. Galų gale godumas privertė jį išduoti savo mokytoją, ir Judas, nepakeldamas kaltės jausmo, pasikorė.

Jeigu turi piktų minčių širdyje, niekada nežinai, kokiu pavidalu jos išsiverš. Net jeigu tai nedidelis blogis, jam augant, šėtonas naudos jį ir įstums į nuodėmę, kurios negalėsite išvengti. Jūs išduosite kokį nors žmogų ar net Dievą. Piktos mintys kenkia jums ir jus supantiems. Todėl turite bodėtis pikto ir atmesti net menkiausias piktas mintis. Jeigu bodėsitės pikto, savaime šalinsitės blogio, negalvosite apie jį ir nedarysite jo. Darysite tik gera. Todėl Dievas ir liepė bodėtis pikto. Ligos, išbandymai, vargai ir sunkumai ištinka mus todėl, kad darome kūno darbus, leisdami piktoms mintis mūsų širdyje virsti regimomis nuodėmėmis. Jeigu nesuvaldome savo širdies ir darome kūno darbus, mes nesiskiriame nuo gyvulių Dievo akyse. Šiuo atveju užsitraukiame Dievo rūstybę, ir Jis baudžia mus, kad vėl taptume žmonėmis ir nebūtume kaip gyvuliai.

Atmesti pikta ir tapti geru žmogumi

Išbandymai ir sunkumai ateina ne tik dėl piktų minčių ir kūno rūpesčių, slypinčių širdyje. Mintys bet kada gali pavirsti kūno darbais (nuodėmingais poelgiais), todėl turime atmesti kūno rūpesčius.

Pirmiausia, jeigu žmogus netiki į Dievą, net matęs Jo padarytus stebuklus, jo elgesys ypatingai piktas. Evangelijoje pagal Matą 11, 20-24 Jėzus pasmerkė miestus, kuriuos padarė daug stebuklų, nes šie neatgailavo. Chorazinui ir Betsaidai Jėzus tarė: „Vargas jums" ir įspėjo:, „Tyrui ir Sidonui bus lengviau teismo dieną negu jums!" O Kafarnaumui Jis pasakė: „Sodomos žemei bus lengviau teismo dieną negu tau."

Tyras ir Sidonas buvo du pagonių miestai. Betsaida ir Chorazinas yra Izraelio miestai į šiaurę nuo Galilėjos ežero. Betsaida yra trijų mokinių – Petro, Andriejaus ir Pilypo – gimtasis miestas, kur Jėzus atvėrė akis neregiui ir padarė didį stebuklą, pamaitindamas 5000 vyrų dviem žuvimis ir penkiais duonos kepalėliais. Jie matė daug stebuklų, kad patikėtų Jėzumi, sektų Juo, atsiverstų ir atsikratytų pikto širdyje pagal Jo mokymą. Tačiau jie to nepadarė, todėl buvo nubausti.

Tas pats ir šiandien. Jeigu žmogus mato Dievo tarno daromus ženklus ir stebuklus, bet, užuot įtikėjęs į Dievą, teisia ir smerkia Dievo darbus ar Jo tarną, tai rodo, kad jis turi daug pikto širdyje. Kodėl žmonės netiki? Todėl, kad turi atmesti kūno rūpesčius, bet, užuot jų atsikratę, jie daro kūno darbus ir nuodėmes. Kuo daugiau nuodėmių jie daro, tuo labiau rambėja ir kietėja jų širdys. Jų sąžinės atbunka ir galiausiai išnyksta kaip išdegintos karšta geležimi. Nors Dievas rodo jiems stebuklus, tokie žmonės negali suprasti tiesos ir patikėti. Neturėdami supratimo jie negali atgailauti ir priimti Jėzaus Kristaus. Jie panašūs į vagį. Iš pradžių jam baisu pavogti net mažą daiktą, bet keliskart tai padarius, jo sąžinė rami, net pavogus didelį daiktą, nes jo širdis jau sukietėjo.

Jeigu mylime Dievą, mes savaime bodimės pikto ir laikomės gero. Pirmiausia turime liautis darę visus kūno darbus, o paskui atsikratyti kūno rūpesčių savo širdyje.

Vykstant nuodėmės ir pikto atmetimo procesui, mes ugdome ryšį su Dievu ir priimame Jo meilę (Jono pirmas laiškas 1, 7 ir 3, 9). Mūsų veiduose visada atsispindės beribis džiaugsmas ir dėkingumas, galėsime būti išgydyti iš bet kokios ligos ir išvaduoti iš visų problemų šeimoje, darbe, versle ir visose kitose srityse.

Pikta ir neištikima karta, reikalaujanti ženklo

Evangelijoje pagal Matą 12, 38-39 Rašto aiškintojai ir fariziejai reikalavo Jėzaus parodyti ženklą. Jėzus atsakė jiems, kad pikta ir neištikima karta reikalauja ženklo. Pavyzdžiui, kai kas sako: „Parodyk man Dievą, tada aš tikėsiu" arba: „Jeigu prikeltum mirusįjį, tikėčiau į Dievą." Šie žmonės sako tai ne iš tyros širdies ir nenori tikėti, jie išpažįsta savo abejones.

Polinkis netikėti tiesa ir atmesti arba paskandinti abejonėse viską, kas pranoksta mus gerumu arba prieštarauja mūsų supratimui, kyla iš mūsų prigimties dvasinės neištikimybės. Atsisakę tikėti žmonės, reikalaujantys ženklo, susimokė ir ieškojo preteksto oficialiai apkaltinti Jėzų ir pasmerkti.

Kuo žmonėse daugiau teisuoliškumo, puikybės ir savanaudiškumo, tuo neištikimesnė jų karta. Kuo toliau civilizacija žengia į priekį, tuo daugiau žmonėms reikia ženklų. Tačiau labai daug žmonių, matę ženklus, vis tiek netiki! Nenuostabu, kad ši karta kaltinama piktumu ir neištikimybe!

Jeigu boditės pikto, nedarote pikto. Jeigu susitepate išmatomis, nusiplaunate jas. Nuodėmė ir blogis, ardantys sielą ir tempiantys į mirties kelią, yra purvinesni, labiau dvokiantys ir bjauresni už išmatas. Nuodėmės nepalyginamai purvinesnės už išmatas.

Kokių konkrečių pikto pavidalų turime bodėtis? Evangelijoje pagal Matą, 23-ame skyriuje Jėzus peikia Rašto aiškintojus ir fariziejus žodžiais: „Vargas jums...", sakydamas, kad jie nebus išgelbėti. Pasigilinkime į jų pražūties priežastis, suskirstytas į septynias kategorijas.

Pikto pavidalai, kurių turime bodėtis

1. Dangaus vartų užrakinimas, kad kiti neįeitų

Evangelijoje pagal Matą 23, 13 Jėzus sako: „Vargas jums, veidmainiai Rašto aiškintojai ir fariziejai! Jūs užrakinate žmonėms dangaus karalystę ir nei patys neinate, nei trokštančių į ją patekti neleidžiate."

Rašto aiškintojai ir fariziejai žinojo ir užrašinėjo Dievo žodžius bei apsimetinėjo, kad laikosi jų. Tačiau jų širdys buvo sukietintos, ir jie dirbo Dievo darbą paviršutiniškai. Jie žinojo visus šventumo formalumus, bet jų širdys buvo pilnos nedorybių ir pikto. Pamatę Jėzų, darantį žmogui neįmanomus stebuklus, užuot pripažinę Jį ir džiaugęsi, jie rengė prieš Jį sąmokslus ir net siekė Jo mirties.

Tas pats ir dabar. Žmonės, sakantys, kad tiki į Jėzų Kristų, bet nepaisantys Jo mokslo, patenka į šią kategoriją. Jeigu dėl jūsų kas nors sako: „Negaliu tikėti į Jėzų dėl tokių žmonių kaip jūs," tuomet jūs užrakinate žmonėms dangaus karalystę. Ne tik patys neinate į dangų, bet ir kitų neleidžiate.

Jėzus peikė ir tuos, kas teigė tikintys į Dievą, bet toliau taikėsi prie pasaulio. Jeigu bažnyčioje mokytojo pareigas einantis žmogus rodo neapykantą, pyktį ir nepaklusnumą, kaip neseniai atsivertę krikščionys gali pasitikėti juo, jau nekalbant apie jo gerbimą? Jie gali labai nusivilti ir net prarasti tikėjimą. Įspėjimas „Vargas jums" skirtas ir netikintiesiems, kurie persekioja arba visokiais būdais vilioja į nuodėmę savo įtikėjusias antrąsias puses.

2. Naujatikio padarymas dvigubai blogesniu už save pragaro vaiku

Evangelijoje pagal Matą 23, 15 Jėzus sako: „Vargas jums, veidmainiai Rašto aiškintojai ir fariziejai! Jūs keliaujate per jūrą ir sausumą, kad laimėtumėte vieną naujatikį, o kai toks atsiranda, jūs padarote iš jo pragaro vaiką, dvigubai blogesnį už jus pačius."

Sena patarlė byloja, kad marti, patyrusi daug skausmo iš anytos, dar labiau skaudins savo marčią. Tai, ką žmogus mato ir patiria, įsirašo į jo atmintį. Paskui. pasąmonės skatinamas, jis daro tai, ką patyrė. Labai svarbu, ko jūs mokotės ir iš ko mokotės. Jeigu mokotės krikščioniškai gyventi iš žmonių, panašių į Rašto aiškintojus ir fariziejus, sekate paskui aklus mokytojus ir įpulsite į blogį.

Pavyzdžiui, jeigu vadovas visada teisia ir smerkia kitus, apkalbinėja kitus ir blogai kalba, jo klausantys tikintieji taip pat sugenda, ir visi kartu pasuka į mirties kelią. Žmonės, užaugę namuose, kur tėvai nuolat pykosi ir neapkentė vienas kito, dažniau nuvedami klystkeliais negu užaugusieji taikioje ir ramioje šeimoje.

Todėl tėvai, mokytojai ir kiti vadovai turi rodyti gerą pavyzdį. Kalbėdami ir elgdamiesi nepavyzdingai jie papiktina kitus. Net bažnyčioje būna atvejų kai vadovai rodo blogą pavyzdį ir trukdo dvasiniam prabudimui ir bendruomenės augimui. Turime suprasti, kad taip elgdamiesi ne tik patys tampame, bet ir kitus padarome pragaro vaikais.

3. Klaidingas Dievo valios aiškinimas, remiantis godumu ir melu

Evangelijoje pagal Matą 23, 16-22 Jėzus sako: „Vargas jums, aklieji vadai, kurie mokote: 'Jei kas prisiektų šventove, tai nieko, o jei kas prisiektų šventovės auksu, tai jis įsipareigoja.' Kvaili jūs ir akli! Kas gi didesnis auksas ar šventovė, kuri pašventina auksą? Arba, anot jūsų: 'Jei kas prisiektų aukuru, tai nieko, o jei kas prisiektų atnaša ant aukuro, tai jis įpareigotas.' Akli! Kas gi didesnis atnaša ar aukuras, kuris pašventina atnašą? Todėl, kas prisiekia aukuru, tas prisiekia ir tuo, kas ant jo padėta, o kas prisiekia šventove, prisiekia ja ir tuo, kuris joje gyvena. Ir kas prisiekia dangumi, prisiekia Dievo sostu ir tuo, kuris jame sėdi."

Jėzus peikia tuos, kas moko Dievo valios iš širdies godumo, suktumo ir savanaudiškumo. Jeigu kas nors duoda įžadą Dievui, mokytojai turi mokyti jį tesėti įžadą, bet jie mokė juos tesėti tik su pinigais ir turtu susijusiu įžadus. Jeigu Dievo tarnas nepaiso mokymo apie gyvenimą tiesoje, bet sutelkia visą dėmesį į aukas bažnyčiai, jis tampa aklu vadu.

Visų pirma, vadovas turi mokyti žmones atgailauti už nuodėmes, ugdyti savyje Dievo teisumą ir keliauti į dangaus karalystę. Prisiekti šventove, Jėzumi Kristumi, aukuru ar Dievo sostu vienodai svarbu, todėl būtina tesėti savo įsipareigojimus.

4. Svarbiausių Įstatymo reikalavimų nepaisymas

Evangelijoje pagal Matą 23, 23-24 Jėzus sako: „Vargas jums, veidmainiai Rašto aiškintojai ir fariziejai! Jūs duodate dešimtinę nuo mėtų, krapų ir kmynų, o pamirštate, kas svarbiausia Įstatyme: teisingumą, gailestingumą ir ištikimybę. Reikia tai daryti ir ano neapleisti! Aklieji vadai, jūs iškošiate uodą, o praryjate kupranugarį..."

Žmogus, tikrai tikintis į Dievą, atneša visą dešimtinę. Jeigu atiduodame visą dešimtinę, gauname palaiminimus; bet jeigu ne, apsukame Dievą (Malachijo knyga 3, 8-10). Taip, Rašto aiškintojai ir fariziejai duodavo dešimtinę, bet Jėzus atstūmė juos, nes šie pamiršo teisingumą, gailestingumą ir ištikimybę. Ką reiškia apleisti teisingumą, gailestingumą ir ištikimybę?

Teisingumas yra nuodėmių atmetimas, gyvenimas pagal Dievo žodį ir paklusnumas Jam su tikėjimu. Paklusti pagal pasaulio standartus reiškia padaryti, ką gali. Tačiau paklusti

Dievo žodžiui iš tiesų reiškia padaryti dalykus, kurie atrodo visiškai neįmanomi. Biblijoje Dievo pranašai su tikėjimu pakluso Jo žodžiams. Jie perskyrė Raudonąją jūrą, sugriovė Jericho sienas ir sustabdė Jordano upės tėkmę. Jeigu jie būtų vadovavęsi savo supratimu, nebūtų padarę jokių stebuklų. Tačiau jie su tikėjimu pakluso Dievui ir atliko žmonėms neįmanomus darbus.

Gailestingumas yra žmogaus pareigų atlikimas visose gyvenimo srityse. Laikydamiesi pagrindinių moralės ir etikos normų šiame pasaulyje žmonės išlieka žmonėmis. Tačiau šie standartai netobuli. Jeigu žmogus atrodo kultūringas ir doras, bet turi pikto savo širdyje, jis nėra tikrai doras. Norėdami gyventi prasmingai, turime vykdyti svarbiausią žmogaus pareigą – laikytis Dievo įsakymų (Mokytojo knyga 12, 13).

Ištikimybė yra buvimas Dievo prigimties dalininkais per tikėjimą (Petro antras laiškas 1, 4). Dievas, kurdamas dangų ir žemę, viską, kas juose, ir žmoniją, turėjo tikslą įgyti ištikimų vaikų, turinčių panašią į Jo širdį. Dievas liepė mums būti ištikimiems, kaip Jis ištikimas, ir tobuliems, kaip Jis tobulas. Mes turime ne vien išoriškai atrodyti šventi. Tik atsikratę pikto savo širdyje ir tobulai paklusdami pagal Jo įsakymams tampame dieviškosios prigimties dalininkais.

Tačiau Rašto aiškintojai ir fariziejai Jėzaus laikais pamiršo teisingumą, gailestingumą ir ištikimybę, rūpindamiesi tik aukomis ir atnašomis. Dievui daug labiau patinka atgailaujanti širdis negu nedorėlių aukos (Psalmynas 51, 16-17). Tačiau jie mokė, prasilenkdami su Dievo valia. Mokantis kitus pirmiausia turi parodyti jų nuodėmes, padėti jiems duoti atsivertimą liudijančių vaisių ir atvesti į susitaikymą su Dievu. Paskui reikia mokyti apie dešimtinės davimą, šlovinimą, maldas ir kitus dalykus, kol jie pasieks tobulą išgelbėjimą.

5. Išorės valymas, paliekant vidų pilną gobšumo ir nesivaldymo

Evangelijoje pagal Matą 23, 25-26 Jėzus sako: „Vargas jums, veidmainiai Rašto aiškintojai ir fariziejai! Jūs valote taurės bei dubens išorę, o viduje esate pilni gobšumo ir nesivaldymo. Aklasai fariziejau! Pirmiau išvalyk taurės vidų, tai bus tikrai švari ir išorė!"

Švari krištolinė taurė tuščia atrodo labai skaidri ir graži. Tačiau ji gali suspindėti dar gražiau arba nublankti, nelygu, ką į ją įpilsi. Pripildyta dumblino vandens ji bus tik nešvari taurė. Taip pat, jeigu išoriškai panašaus į dievobaimingą žmogaus širdis pilna pikto, Dievas, ištiriantis širdis, mato visą purvą jo viduje ir laiko jį netyru žmogumi.

Bendraudamas su žmonėmis taip pat pasijunti suteptas, kai paaiškėja, kad iš pažiūros švarus, gerai apsirengęs ir kultūringas žmogus viduje pilnas neapykantos, pavydo ir kitų nedorybių. Kaip tuomet jaučiasi Dievas, kuris yra teisumas ir tiesa, matydamas tokius žmones? Todėl turime ištirti save Dievo žodžio šviesa ir atgailauti už visas pasileidimo bei godumo nuodėmes ir stengtis išsiugdyti tyrą širdį. Turime vykdyti Dievo žodį bei ryžtingai atmesti nuodėmes, kad mūsų širdis taptų tyra, tuomet ir išorė bus švari ir šventa.

6. Panašumas į pabaltintus antkapius

Evangelijoje pagal Matą 23, 27-28 Jėzus sako: „Vargas jums, veidmainiai Rašto aiškintojai ir fariziejai! Jūs panašūs į pabaltintus antkapius, kurie iš paviršiaus gražiai atrodo, o viduje pilni numirėlių kaulų ir visokių nešvarumų. Taip ir jūs iš paviršiaus atrodote žmonėms teisūs, o viduje esate pilni veidmainystės ir nedorumo."

Antkapis gali būti labai brangus ir gražus, bet kas viduje? Gendantis lavonas, greitai pavirsiantis dulkėmis! Pabaltinti antkapiai simbolizuoja veidmainius, puoselėjančius savo išorę. Jie iš paviršiaus atrodo geri, švelnūs ir sveiki, galintys pamokyti, bet viduje pilni pykčio, pavydo ir kitų nedorybių.

Jeigu išpažįstame tikėjimą į Dievą, bet širdyje laikome neapykantą ir smerkiame kitus, tuomet matome krislą kito akyje ir nematome rąsto savojoje. Tai veidmainystė. Tas pats ir su netikinčiais. Sutuoktinio apgaudinėjimas, nesirūpinimas vaikais, tėvų negerbimas, išsisukinėjant nuo tiesos, ir kitų kritikavimas taip pat yra veidmainystė.

7. Pasitikėjimas savo teisumu

Evangelijoje pagal Matą 23, 29-33 Jėzus sako: „Vargas jums, veidmainiai Rašto aiškintojai ir fariziejai! Jūs statote pranašams antkapius, puošiate teisiųjų paminklus ir sakote: 'Jei būtume gyvenę savo protėvių dienomis, nebūtume kartu su jais susitepę pranašų krauju.' Taigi jūs patys prieš save liudijate, jog esate pranašų žudytojų vaikai. Pripildykite gi savo tėvų saiką! Gyvatės! Angių išperos! Kaip jūs ištrūksite nuo pasmerkimo į pragarą?!"

Veidmainiai Rašto aiškintojai ir fariziejai statė pranašams antkapius, puošė teisiųjų kapus ir sakė: „Jei būtume gyvenę savo protėvių dienomis, nebūtume kartu su jais susitepę pranašų krauju". Tačiau tai netiesa. Šie Rašto aiškintojai ir fariziejai neatpažino Jėzaus, žmonijos Gelbėtojo, atstūmė Jį, galiausiai prikalė prie kryžiaus ir nužudė. Kaip jie drįso dėtis teisesni už savo protėvius?

Jėzus atmetė šiuos veidmainius vadovus, sakydamas: „Pripildykite gi savo tėvų saiką!" Jeigu nors truputį sąžinės turintis žmogus padaro kokią nors nuodėmę, jis jaučia kaltę ir nebedaro jos. Tačiau yra ir tokių, nemeta savo piktų darbų ligi pat liūdno galo. Jėzus apie tai ir kalbėjo, sakydamas „pripildykite". Jie tapo velnio vaikais, angių išperomis, ir darė dar piktesnius darbus.

Taip pat, jeigu tiesą išgirdęs ir sąžinės priekaištus pajutęs žmogus nutaria, kad jis teisus, ir neatgailauja, jis nesiskiria nuo žmogaus, pildančio savo tėvų nusikaltimų saiką. Jėzus pasakė, kad jeigu šie žmonės neatgailaus ir neduos atsivertimą liudijančių vaisių, jie neišvengs bausmės pragare.

Todėl ištirkime save pagal kaltinimus, Jėzaus išsakytus Rašto aiškintojams ir fariziejams, ir jeigu kas nors tinka mums, nedelsdami atsikratykime tų blogybių. Viliuosi, kad jūs, skaitytojai, tapsite teisiais žmonėmis, kurie bodisi pikto, laikosi gero, garbina Dievą ir džiaugiasi palaimintu gyvenimu, kiek tik širdis geidžia!

Paaiškinimai

Kas yra „žmonijos ugdymas"?

Ugdymas labai panašus į žemdirbystę, kai ūkininkas pasėja sėklas, prižiūri augalus ir nuima derlių. Norėdamas įgyti ištikimų vaikų Dievas pasėjo Adomą ir Ievą šiame pasaulyje kaip pirmienas. Adomui nusidėjus, visi žmonės tapo nusidėjėliais, bet priėmę Jėzų Kristų ir Šventosios Dvasios padedami jie gali atgauti Dievo paveikslą, pagal kurį buvo sukurti. Žmonijos ugdymas - tai visas Dievo valdomas žmonijos istorijos procesas - nuo žmogaus sukūrimo iki paskutiniojo teismo.

Skirtumas tarp kūno, kūniškumo ir kūno rūpesčių

Paprastai žodžius „kūnas" ir „kūniškumas" vartojame panašia prasme. Tačiau Biblijoje šie žodžiai turi ypatingą dvasinę prasmę. Kartais žodis „kūniškas" reiškia tiesiog žmogaus kūną, bet dvasiškai, jis reiškia gendančius, kintančius, nesveikus ir nešvarius dalykus.

Pirmasis žmogus Adomas buvo gyva dvasia ir neturėjo nuodėmės. Tačiau šėtono sugundytas valgyti gero ir pikto pažinimo medžio vaisių turėjo numirti, nes atpildas už nuodėmę - mirtis (Pradžios knyga 2, 17; Laiškas romiečiams 6, 23). Kūrimo metu Dievas įdėjo į žmogaus vidų gyvybės ir tiesos pažinimą. Žmogaus pavidalas be šios tiesos, kurią Adomas prarado nusidėjęs, yra „kūnas", o nuodėminga prigimtis persmelkusi šį kūną „kūniškumu". Šis kūniškumas neturi regimos formos, tai nuodėminga prigimtis, kuri gali pasireikšti bet kada.

Žmogaus širdies dirva

Biblijoje žmogaus širdies dirva suskirstyta į skirtingas kategorijas: palei kelią, uolėtą, tarp erškėčių ir gerą žemę (Evangelija pagal Morkų, 4-as skyrius).

Dirva palei kelią yra kieta ir surambėjusi širdis. Dievo žodis, pasėtas tokioje širdyje, negali sudygti ir duoti vaisių, todėl toks žmogus negali būti išgelbėtas.

Uolėta žemė reiškia žmogų, kuris supranta Dievo žodį protu, bet negali patikėti širdimi. Girdėdamas Dievo žodį, jis pasiryžta jį vykdyti, bet, sunkumams užklupus, praranda tikėjimą.

Žemė tarp erškėčių simbolizuoja širdį tokio žmogaus, kuris girdi, supranta ir vykdo Dievo žodį savo gyvenime, bet negali atsispirti šio pasaulio pagundoms. Jis įklimpsta į šio pasaulio rūpesčius, godumą ir kūno geidulius, todėl užsitraukia išbandymus bei vargus, ir dvasiškai neauga.

Gera žemė reiškia žmogaus širdį, į kurią įkritęs Dievo žodis duoda trisdešimteriopą, šešiasdešimteriopą ir šimteriopą vaisių, kurį visada lydi Dievo palaiminimai ir išklausytos maldos.

Šėtono ir velnio vaidmuo

Šėtonas yra tamsos valdžią turinti būtybė, verčianti žmones daryti piktus darbus. Jis neturi konkretaus pavidalo ir nuolat skleidžia ore kaip radijo bangas savo tamsius jausmus, mintis ir galią daryti pikta. Melui žmogaus širdyje pagavus šėtono dažnius, šis per mintis įlieja į žmogų tamsos galių. Tai šėtono darbų priėmimas arba šėtono balso klausymas. Velnias yra kartu su Liuciferiu puolę angelai. Jis apsirengęs juodai, turi veidą ir rankas bei kojas kaip žmonės ir angelai. Šėtono nurodymu jis įsakinėja demonams kankinti žmones ligomis, stumti juos į nuodėmę ir piktus darbus.

Indo ir širdies talpa

Biblijoje žmonės kartais vadinami „indais". Žmogaus indo talpa priklauso nuo to, kaip jis klauso Dievo žodžio, įsirašo jį širdyje ir vykdo su tikėjimu. Indo talpa susijusi su medžiaga, iš kurios jis padarytas. Jeigu žmogaus indas geras, jis labai greitai šventėja ir įgyja įvairių dvasinių galių. Norėdamas išsiugdyti talpų indą, žmogus turi įdėmiai klausyti Dievo žodžio ir įsirašyti jį širdies gelmėse. Dievo žodžio vykdymo uolumas lemia indo talpą.

Širdies talpa priklauso nuo to, kaip plačiai ji naudojama, ir nuo indo dydžio. Širdis gali būti naudojama: 1) viršijant jos talpą, 2) visa talpa, 3) maža talpos dalimi ir 4) piktam, kai būtų geriau, kad žmogus apskritai nesiimtų veiklos. Jeigu širdies talpa labai maža, žmogus turi stengtis įgyti platesnę ir didesnę širdį.

Teisumas Dievo akyse

Pirmas teisumo lygis yra nuodėmių atmetimas. Šiame lygyje žmogus nuteisinamas, priėmęs Jėzų Kristų ir gavęs Šventąją Dvasią. Paskui jis atranda savo nuodėmes ir uoliai meldžiasi, stengdamasis jų atsikratyti. Dievui tai patinka, Jis atsako į šio žmogaus maldas ir laimina jį.

Antras teisumo lygis yra Dievo žodžio vykdymas. Atmetęs nuodėmes žmogus gali prisipildyti Dievo žodžiu ir gyventi pagal jį. Pavyzdžiui, išgirdęs, kad neturime neapkęsti kitų, jis atmeta neapykantą ir stengiasi mylėti visus, paklusdamas Dievo žodžiui. Šiame lygyje žmogus būna palaimintas nuolatine sveikata, ir visos jo maldos būna išklausytos.

Trečias teisumo lygis yra patikimas Dievui, kai žmogus ne tik atsikrato nuodėmių, bet ir visada elgiasi pagal Dievo valią. Žmogus pasišvenčia savo pašaukimui. Pasiekus šį lygį, Dievas išpildo net smulkiausius mūsų širdies troškimus, vien pagalvojus apie juos.

Dėl teisumo...

„Dėl teisumo, kadangi aš pas Tėvą einu, o jūs manęs daugiau neberegėsite."

(Evangelija pagal Joną 16, 10)

„*Jis patikėjo VIEŠPAČIU, ir tai jam VIEŠPATS įskaitė teisumu.*"
(Pradžios knyga 15, 6)

„*Taigi sakau jums: jeigu teisumu neviršysite Rašto aiškintojų ir fariziejų, neįeisite į dangaus karalystę.*" *(Evangelija pagal Matą 5,20)*

„*Bet dabar be įstatymo pasireiškė Dievo teisumas, paliudytas Įstatymo ir Pranašų. Tai Dievo teisumas, tikėjimu į Jėzų Kristų duodamas visiems tikintiesiems. Nėra jokio skirtumo...*"
(Laiškas romiečiams 3, 21-22)

„*...pilni teisumo vaisių per Jėzų Kristų Dievo garbei ir šlovei.*"
(Laiškas filipiečiams 1, 11)

„*Todėl manęs laukia teisumo vainikas, kuriuo mane tą Dieną apdovanos Viešpats, teisingasis Teisėjas, ir ne tik mane, bet ir visus, kurie su meile laukia jo pasirodant.*"
(Antras laiškas Timotiejui 4, 8)

„*Taip išsipildė Rašto posakis: Abraomas patikėjo Dievu, ir tai buvo jam įskaityta teisumu, o jis pramintas Dievo bičiuliu.*" *(Jokūbo laiškas 2, 23)*

„*Taip išaiškėja Dievo vaikai ir velnio vaikai; tas, kuris elgiasi neteisiai, nėra iš Dievo; taip pat tas, kuris savo brolio nemyli.*"
(Jono pirmas laiškas 3, 10)

6 skyrius

Teisumas, vedantis į gyvenimą

„Taigi, kaip vieno žmogaus nusikaltimas visiems žmonėms užtraukė pasmerkimą, taip vieno teisus darbas visiems laimėjo nuteisinimą, kad gyventų."
(Laiškas romiečiams 5, 18)

Aš sutikau gyvąjį Dievą po ligų, kurios buvo prikausčiusios mane prie patalo septynerius metus. Aš ne tik buvau išvaduotas iš visų ligų Šventosios Dvasios ugnimi, bet ir po atgailos už savo nuodėmes gavau amžinąjį gyvenimą, kuris leis man amžinai gyventi danguje. Aš buvau toks dėkingas Dievui už Jo malonę, kad nuo to laiko ėmiau lankyti bažnyčią, mečiau gerti ir lioviausi vaišinęs kitus alkoholiniais gėrimais.

Kartą mano giminaitis šaipėsi iš vienos bažnyčios. Negalėdamas susilaikyti piktai pareiškiau: „Kodėl tu blogai kalbi apie Dievą, bažnyčią ir jos pastorių?" Būdamas kūdikis Kristuje maniau, kad elgiuosi teisingai. Tik vėliau supratau, kad mano poelgis buvo klaidingas. Mano teisumas tuomet paėmė viršų prieš teisumą Dievo akyse. Tai baigėsi ginčais ir kivirču.

Koks elgesys šioje situacijoje būtų buvęs teisus Dievo akyse? Tai bandymas suprasti kitus su meile. Jeigu suprastume, kad jie nepažįsta Viešpaties ir Dievo, neturėtume priežasties piktintis. Tikras teisumas yra malda, ieškant išmintingo būdo evangelizuoti juos, kad jie taptų Dievo vaikais.

Teisumas Dievo akyse

Išėjimo knygoje 15, 26 parašyta: „Jeigu iš tikrųjų klausysite VIEŠPATIES, savo Dievo, balso, sakė jis, ir darysite, kas dora jo akyse..." Ši eilutė skelbia faktą, kad teisumas žmonių akyse tikrai skiriasi nuo teisumo Dievo akyse.

Mūsų pasaulyje kerštas dažnai laikomas teisingu elgesiu. Tačiau Dievas mums sako, kad meilė visiems žmonėms ir net savo priešams yra teisumas. Taip pat pasaulis laiko teisumu žmonių kovą už savo įsitikinimus, net taikos su kitais sąskaita. Tačiau Dievas nepripažįsta žmogaus teisumo, kai šis nutraukia taiką su kitais tik dėl įsitikinimo savo teisumu.

Pasauliui nesvarbu, kiek širdyje turite pikto, neapykantos, priešiškumo, pavydo, pykčio, įtarumo ir savanaudiškumo – jeigu nepažeidžiate valstybės įstatymų ir nedarote nusikaltimų veiksmais, niekas nelaiko jūsų nusikaltėliu. Tačiau, net jeigu nedarome nuodėmių veiksmais, bet turime pikto širdyje, Dievas vadina mus neteisiais žmonėmis. Žmonių supratimas apie teisumą ir neteisumą skiriasi priklausomai nuo žmonių, amžiaus grupių ir vietų. Tikras teisumo standartas yra Dievo standartas. Dievo paskelbtas teisumas yra tikrasis teisumas.

Ką padarė Jėzus Kristus? Laiške romiečiams 5, 18 parašyta: „Taigi, kaip vieno žmogaus nusikaltimas visiems žmonėms užtraukė pasmerkimą, taip vieno teisus darbas visiems laimėjo nuteisinimą, kad gyventų." „Vieno žmogaus nusikaltimas" reiškia žmonijos tėvo Adomo nuodėmę, o „vieno teisus darbas" yra Dievo Sūnaus Jėzaus paklusnumas. Jis atliko teisų darbą, vedantį žmoniją į gyvenimą. Pasigilinkime, kas yra teisumas, vedantis žmones į gyvenimą.

Vienas teisus darbas, dovanojęs išgelbėjimą visai žmonijai

Pradžios knygoje 2, 7 parašyta, kas Dievas sukūrė pirmąjį žmogų Adomą pagal savo paveikslą. Paskui Jis įkvėpė jam į šnerves gyvybės alsavimą ir padarė jį gyva dvasia. Jis buvo naujagimis, nieko nežinantis. Adomas buvo kaip švari lenta. Kaip kūdikis auga ir kaupia žinias per tai, ką mato ir girdi, taip Adomas mokėsi iš Dievo visatos harmonijos, dvasinės karalystės dėsnių ir tiesos. Dievas išmokė Adomą visko, ko reikėjo, kad šis sėkmingai gyventų ir viešpatautų visai kūrinijai. Dievas uždraudė tik vieną dalyką. Adomas galėjo valgyti nuo visų medžių Edeno sode, išskyrus gero ir pikto pažinimo medį. Dievas griežtai jį įspėjo, kad nuo jo paragavęs Adomas turės mirti (Pradžios knyga 2, 16-17).

Tačiau prabėgo daug laiko, Adomas neįsidėmėjo šių Dievo žodžių, pasidavė žalčio gundomas ir paragavo uždrausto vaisiaus. Šis poelgis nutraukė Adomo ryšį su Dievu ir, kaip Jis buvo pasakęs: „Turėsi mirti," Adomo gyva dvasia numirė. Jis nepakluso Dievo žodžiui ir paklausė priešo velnio žodžių, todėl tapo velnio vaiku.

Jono pirmas laiškas 3, 8 sako: „Kas daro nuodėmę, tas iš velnio, nes velnias visas nuodėmėse nuo pat pradžios." Ir Evangelijoje pagal Joną 8, 44 parašyta: „Jūsų tėvas velnias, ir jūs pasišovę tenkinti jo užgaidas. Jis nuo pat pradžios buvo galvažudys ir niekuomet nesilaikė tiesos, jame ir nėra buvę tiesos. Skleisdamas melą, jis kalba, kas jam sava, nes jis melagis ir melo tėvas."

Jeigu Adomas nepakluso ir nusidėjo, kodėl ir jo palikuonys nusidėjėliai? Vaikams lemta būti panašiems į tėvus, ypač savo išvaizda. Charakteris ir net eisena taip pat primena jų tėvus. Vaikas paveldi savo tėvų „či" arba „dvasią", arba „gyvybinę energiją", ir kartu su jam persiduoda tėvų nuodėminga prigimtis (Psalmynas 51, 5). Niekas nemokė naujagimio verkti ir rėkti, jis pats tai daro, nes nuodėminga prigimtis su gyvybine energija persiduoda iš kartos į kartą nuo pat Adomo laikų.

Be pirmosios nuodėmės, kurią žmogus paveldi, jis pats

nusideda, ir visos jo nuodėmės vis labiau ir labiau sutepa širdį. Paskui jis viską perduoda savo vaikams. Laikui bėgant, nuodėmės užtvindo pasaulį. Kaip žmogui, kuris tapo velnio vaiku, atkurti ryšį su Dievu?

Dievas nuo pradžios žinojo, kad žmogus nusidės, ir paruošė išganymo apvaizdą, bet laikė ją paslėptą. Žmonijos išgelbėjimas per Jėzų Kristų buvo numatytas prieš laiko pradžią. Jėzus Kristus, kuris buvo be ydos ir dėmės, prisiėmė prakeikimą ir numirė ant kryžiaus, kad atvertų išganymo kelią pasmerktai mirti žmonijai. Jėzus Kristus šiuo teisiu darbu išgelbėjo iš mirties ir padovanojo gyvenimą daugybei žmonių, kurie buvo nusidėjėliai.

Teisumo pradžia yra tikėjimas į Dievą

Teisumas turi neprieštarauti dorai ir moralei. Tačiau teisumas pagal Dievą yra paklusnumas su tikėjimu iš pagarbos Jam, nuodėmių atmetimas ir Jo įsakymų vykdymas (Mokytojo knyga 12, 13). Tačiau visų pirma Biblija sako, kad netikėjimas į Dievą yra nuodėmė (Evangelija pagal Joną 16, 9). Todėl tiesiog tikėjimo į Dievą aktas yra teisumas, ir pirmoji tapimo teisiu žmogumi sąlyga.

Ar galima pavadinti teisiuoju žmogų, kuris apleidžia ir išduoda jam gyvybę davusius tėvus? Žmonės rodys pirštais į jį, vadindami netikėliu, neturinčiu žmoniškumo. Taip pat, žmogus sunkiai nusideda, jeigu netiki į Dievą Kūrėją, kuris mus sukūrė, nevadina Jo Tėvu ir dar tarnauja priešui velniui – kurio Dievas labiausiai nekenčia.

Norėdami tapti teisiaisiais, visų pirma, jūs turite tikėti į Dievą. Kaip Jėzus turėjo tobulą tikėjimą į Dievą ir vykdė kiekvieną Jo žodį, taip ir mes turime tikėti į Jį ir vykdyti Jo žodį. Turėti tikėjimą į Dievą reiškia tikėti faktu, kad Dievas yra visos kūrinijos Viešpats, sukūręs visatą ir mus, vienintelis turintis valdžią žmonių gyvenimui ir mirčiai. Tai tikėjimas, kad Dievas yra amžinas, pirmasis ir paskutinysis, pradžia ir pabaiga, aukščiausiasis teisėjas, kuris paruošė dangų ir pragarą, ir teisingai teis visus žmones. Dievas atsiuntė savo viengimį Sūnų Jėzų Kristų į šį pasaulį, kad atvertų mums išgelbėjimo kelią. Tikėjimas į Jėzų Kristų ir išgelbėjimo priėmimas iš esmės yra tikėjimas į Dievą.

Dievas turi reikalavimų savo vaikams, įeinantiems pro išgelbėjimo vartus. Šioje žemėje piliečiai privalo laikytis savo šalies įstatymų. Tapę dangaus piliečiais, turime laikytis dangaus įstatymų – Dievo žodžio, kuris yra Tiesa. Pavyzdžiui, Išėjimo knyga 20, 8 sako: „Atmink ir švęsk šabo dieną", todėl reikia paklusti Dievo įstatymui ir švęsti šabą, nesiderinant prie pasaulio. Tai mūsų pareiga, nes Dievas laiko tokį tikėjimą ir paklusnumą teisumu.

Dievas per Jėzų Kristų apreiškė mums teisumo įstatymą, vedantį į gyvenimą. Jeigu gyvename pagal šį įstatymą, tampame teisiaisiais, einame į dangų ir patiriame Dievo meilę bei palaiminimus.

Jėzaus Kristaus teisumas, kuriuo turime sekti

Net Jėzus, Dievo Sūnus, įvykdė teisumą tobulai laikydamasis Dievo įstatymų. Gyvendamas šioje žemėje Jis nė karto nenusidėjo. Jis prasidėjo iš Šventosios Dvasios, todėl neturėjo pirmapradės nuodėmės. Jis neturėjo nė vienos blogos minties, todėl nepadarė nė vienos nuodėmės.

Dažniausiai žmonės daro piktus darbus todėl, kad turi nusikalstamų minčių. Godus žmogus pirmiausia pagalvoja: „Kaip man praturtėti? Kaip pasisavinti to žmogaus turtą?" Paskui jis puoselėja šią mintį savo širdyje. Kai ši mintis sustiprėja, jis imasi piktų darbų. Jis turi godžią širdį, todėl šėtonas gundo jį nedoromis mintimis, ir galų gale šis ima sukčiauti , grobti ir vogti.

Jobo knyga 15, 35 sako: „Juk jie sumano kėslus, gimdo pikta, o jų širdis rengia apgaulę". Pradžios knygoje 6, 5 parašyta, kad prieš Dievui nubaudžiant pasaulį tvanu, žmonių nedorumas žemėje buvo didelis, ir kiekvienas užmojis, sumanytas jų širdyse, buvo piktas. Žmogaus mintys būna piktos todėl, kad jo širdis pikta. Jeigu neturime pikto širdyje, šėtonas negali gundyti mūsų mintimis. Kas išeina iš burnos, eina iš širdies (Evangelija pagal Matą 15, 18), ir jeigu širdyje nėra pikto, iš jos negali eiti piktos mintys ir darbai. Jėzus neturėjo nei pirmapradės, nei savų nuodėmių, todėl Jo širdis buvo tobulai šventa. Visi Jo darbai buvo geri, o širdis teisi, todėl Jis turėjo tik geras mintis ir darė tik gerus darbus. Siekdami tapti teisiais žmonėmis turime saugoti savo mintis ir atsikratyti pikto savo širdyje, kad ir mūsų darbai būtų geri.

Jeigu klusniai vykdysime Biblijos nurodymus, „Ką daryti, ko nedaryti, ko laikytis ir ką atmesti", Dievo širdis arba tiesa pasiliks mumyse, kad nenusidėtume mintimis. Mūsų darbai taip pat bus teisingi, Šventosios Dvasios įkvėpti ir nukreipti. Dievas sako: „Švęsk sekmadienį", todėl švenčiame sekmadienį. Jis sako: „Melskitės, mylėkite ir dalinkitės evangelija", todėl meldžiamės, mylime ir dalinamės evangelija. Jis sako nevogti ir nesvetimauti, todėl nedarome šių dalykų.

Jis liepė mums atmesti visa pikta, todėl mes atmetame pavyduliavimus, pavydą, neapykantą, svetimavimą, apgaulę ir kitas blogybes. Kai gyvename pagal Dievo žodį, netiesa mūsų širdyje išnyksta ir lieka tik tiesa. Jeigu išrauname karčias nuodėmės šaknis iš savo širdies, nuodėmė nebegali prasiskverbti į mus per mintis. Tuomet į viską žiūrime su gerumu, ir viskas, ką sakome ir darome, kyla iš mūsų širdies gerumo.

Patarlių knyga 4, 23 sako: „Atsidėjęs saugok savo širdį, nes iš jos teka gyvenimo šaltiniai." Teisumas, vedantis į gyvenimą arba gyvenimo šaltinį, ateina iš apsaugotos širdies. Norėdami turėti gyvenimą turime laikytis teisumo savo širdyje ir gyventi tiesa. Štai kodėl taip svarbu saugoti savo protą ir širdį.

Mumyse slypi tiek pikto, kad mums neįmanoma atsikratyti visų nedorybių savo jėgomis. Turime stengtis atmesti nuodėmes savo jėgomis, bet taip pat mums reikia Šventosios Dvasios galios. Todėl turime melstis. Kai karštai meldžiamės, Dievo malonė ir galia nužengia ant mūsų, Šventoji Dvasia pripildo mus. Tuomet mes pajėgiame atmesti bet kokias nuodėmes!

Jokūbo laiške 3, 17 parašyta: „Iš aukštybių kilusi išmintis pirmiausia yra tyra..." Tai reiškia, kad išmetus nuodėmes iš širdies ir susitelkus į teisumą, išmintis iš aukštybių ateina pas mus. Kad ir kokia didelė būtų pasaulio išmintis, ji niekada neprilygs iš aukšybių kilusiai išminčiai. Šio pasaulio išmintis kyla iš riboto žmogaus, nematančio ateities. Tačiau iš aukštybių kilusi išmintis yra Visagalio Dievo atsiųsta, ji apreiškia ateities įvykius, kad mes pasiruoštume jiems.

Evangelijoje pagal Luką 2, 40 parašyta, kad Jėzus „augo ir stiprėjo; jis darėsi pilnas išminties". Jėzus, sulaukęs dvylikos metų amžiaus, buvo toks išmintingas, kad net rabinai, nuodugniai išmanantys Įstatymą, stebėjosi Jo išmintimi. Jėzaus protas buvo sutelktas tik į teisumą, todėl jis turėjo iš aukštybių kilusią išmintį.

Petro antras laiškas 2, 22-23 sako: „Jis [Jėzus] nepadarė nuodėmės, ir jo lūpose nerasta klastos. Šmeižiamas jis neatsikirtinėjo, kentėdamas negrasino..." Šie Dievo žodžiai atskleidžia Jėzaus širdį. Evangelijoje pagal Joną 4, 34, kai mokiniai atnešė maisto, Jėzus tarė: „Mano maistas vykdyti valią to, kuris mane siuntė, ir baigti jo darbą." Jo širdis ir protas buvo teisūs, Jis visada elgėsi teisingai.

Jėzus buvo ištikimas ne tik darydamas Dievo darbą, bet ir „visuose Dievo namuose." Net mirdamas ant kryžiaus Jis pasirūpino Mergele Marija, patikėdamas ją Jonui. Jėzus iki galo atliko visas savo žemiškas pareigas, skelbdamas dangaus karalystės evangeliją ir gydydamas ligonius su Dievo galia. Jis tobulai atliko savo atėjimo į šį pasaulį misiją, priimdamas mirtį ant kryžiaus, kad išvaduotų žmones iš jų nuodėmių ir silpnybių. Taip Jis tapo žmonijos Gelbėtoju, karalių Karaliumi ir viešpačių Viešpačiu.

Tapimo teisiu žmogumi kelias

Ką mums reikia daryti, būnant Dievo vaikais? Turime tapti teisiais žmonėmis, vykdydami Dievo įsakymus savo darbais. Jėzus yra visų Dievo įstatymų tobulo laikymosi modelis, todėl turime sekti Jo pavyzdžiu.

Laikytis Dievo įstatymų reiškia nepriekaištingai vykdyti visus Jo įsakymus ir nuostatus. Dešimt Dievo įsakymų yra puikus Dievo įsakymų pavyzdys. Jie yra Dievo įsakymų, apreikštų 66 Biblijos knygose, santrauka. Kiekvienas iš Dešimties Dievo įsakymų turi gilią dvasinę prasmę. Kai suprantame tikrąją visų įsakymų prasmę ir laikomės jų, Dievas vadina mus teisiaisiais.

Jėzus pasakė, kad didžiausias ir pirmasis įsakymas yra mylėti Dievą visa širdimi, siela ir protu. Antrasis – mylėti savo artimą kaip save patį (Evangelija pagal Matą 22, 37-39).

Jėzus laikėsi visų šių įsakymų. Jis niekada nesiginčijo ir nešaukė, bet nuolatos meldėsi – ir anksti rytais, ir per visą naktį. Jis vykdė ir visus nuostatus. Nuostatai yra Dievo nustatytos taisyklės, pavyzdžiui, Velykų šventimui arba dešimtinės atnašavimui. Šventajame Rašte parašyta, kad Jėzus vyko į Jeruzalę švęsti Velykų, kaip ir visi kiti žydai.

Krikščionys yra dvasiniai žydai ir laikosi žydų ritualų dvasine prasme. Krikščionys dvasiškai apipjausto savo širdis, kaip kūnas buvo fiziškai apipjaustomas Senojo Testamento laikais. Jie garbina Dievą dvasia ir tiesa, dvasine prasme atnašaudami Jam aukas kaip Senajame Testamente. laikydamiesi Dievo įstatymų, įgyjame tikrą gyvenimą ir tampame teisūs. Viešpats nugalėjo mirtį ir prisikėlė, todėl ir mes galime džiaugtis amžinuoju gyvenimu ir gauti dalį teisiųjų prisikėlime.

Palaiminimai teisiesiems

Vaidai, nesantaikos ir ligos kamuoja žmones, nes jie yra neteisūs. Įstatymų laužymas kyla iš neteisumo ir atneša skausmą bei kančias, nes žmonės daro nuodėmių tėvo velnio darbus. Jeigu nebūtų nusikaltimų ir neteisėtumo, nežinotume, kas yra katastrofos, kančios ir sunkumai – šis pasaulis būtų tikrai nuostabi vieta. Be to, jeigu tapsite teisūs Dievo akyse, gausite didžių palaiminimų iš Jo. Tapsite išskirtiniais ir palaimintais žmonėmis.

Pakartoto Įstatymo knyga 28, 1-6 sako: „Bet jei ištikimai klausysi VIEŠPATIES, savo Dievo, balso, uoliai vykdydamas visus jo įsakymus, kuriuos šiandien tau duodu, VIEŠPATS, tavo Dievas, išaukštins tave virš visų žemės tautų. Jei klausysi VIEŠPATIES, savo Dievo, balso, tave pasieks ir užlies visi šie palaiminimai: Palaimintas būsi mieste, palaimintas būsi kaime! Palaimintas bus tavo įsčių, tavo žemės ir tavo gyvulių vaisius, bandos ir kaimenės prieauglis. Palaiminta bus tavo pintinė ir tavo duoninė! Palaimintas būsi pareidamas, palaimintas būsi išeidamas!"

Išėjimo knygoje 15, 26 Dievas pažadėjo, kad jeigu darysime, kas dora Jo akyse, Jis nevargins mūsų jokia liga, kuriomis vargino egiptiečius. Jeigu darysime, kas dora Dievo akyse, būsime sveiki. Mums seksis visose gyvenimo srityse, patirsime amžinąjį džiaugsmą ir palaiminimus.

Štai kas yra teisumas Dievo akimis. Tikiuosi, kad elgdamiesi nepriekaištingai pagal Dievo įstatymus ir nuostatus bei būdami teisūs Jo akyse jūs patirsite Dievo meilės ir palaiminimų pilnatvę!

Paaiškinimai

Tikėjimas ir teisumas

Tikėjimas būna dviejų rūšių: dvasinis tikėjimas ir kūniškas tikėjimas. Turintys kūnišką tikėjimą gali tikėti tik tuo, kas derinasi su jų žiniomis ir mintimis. Tai tikėjimas be darbų, negyvas tikėjimas, kurio Dievas nepripažįsta. Turintieji dvasinį tikėjimą tiki viskuo, ką sako Dievo žodis, net jeigu tai prieštarauja jų žinioms ir protui, ir elgiasi pagal Dievo žodį. Tik Dievas suteikia žmonėms dvasinį tikėjimą, ir kiekvienas turi skirtingą tikėjimo mastą (Laiškas romiečiams 12, 3). Tikėjimas gali būti penkių pagrindinių lygių: pirmo lygio tikėjimu priimame išgelbėjimą, antro lygio tikėjimu bandome vykdyti Dievo žodį, trečio lygio tikėjimu elgiamės tik pagal Dievo žodį, ketvirtame lygyje atmetame nuodėmes ir būname pašventinti ir penkto lygio tikėjimu atnešame Dievui tik džiaugsmą.

Teisiaisiais vadinami teisūs žmonės.

Kai priimame Jėzų Kristų ir gauname nuodėmių atleidimą per Jo brangų kraują, mes nuteisinami savo tikėjimu. Kai išsivaduojame nuo pikto – arba melo – savo širdyje ir stengiamės gyventi tiesoje, pagal Dievo žodį, mes keičiamės ir tampame tikrai teisiais žmonėmis, kurių teisumą pripažįsta Dievas. Dievas labai džiaugiasi teisiaisiais ir atsako į visas jų maldas (Jokūbo laiškas 5, 16).

7 skyrius

Teisusis gyvens tikėjimu

*"Joje apsireiškia Dievo teisumas iš tikėjimo
į tikėjimą, kaip parašyta:
Teisusis gyvens tikėjimu."*
(Laiškas romiečiams 1, 17)

Žmonės dažniausiai vadina teisiuoju žmogų, kuris daro gerus darbus vargstantiems našlaičiams, našlėms ar kaimynams. Jeigu kas nors atrodo švelnus ir geras, ramus, kantrus, laikosi įstatymų ir negreitai supyksta, žmonės giria jį, sakydami: „Tam žmogui net taisyklių nereikia." Ar tai tikrai reiškia, kad tas žmogus teisus?

Ozėjo knyga 14, 10 sako: „Kas išmintingas, tas tesvarsto šiuos dalykus, kas protingas, tas teišmano juos. Tiesūs VIEŠPATIES keliai, ir teisieji jais eina, o nusidėjėliai juose suklumpa." Tik tas, kuris laikosi Dievo įsakymų, tikrai yra teisusis. Evangelijoje pagal Luką 1, 5-6 parašyta: „Judėjos karaliaus Erodo dienomis gyveno kunigas, vardu Zacharijas, iš Abijos skyriaus. Jis turėjo žmoną, vardu Elzbietą, iš Aarono vaikaičių. Abu jie buvo teisūs Dievo akyse ir npriekaištingai vykdė visus Viešpaties įsakymus bei nuostatus." Tai reiškia, kad žmogus teisus tik vykdydamas Dievo įsakymus, kitaip sakant, visus Viešpaties įsakymus bei nuostatus.

Tapti tikrai teisiu žmogumi

Nesvarbu, kad ir kiek žmogus stengtųsi būti teisus, nėra teisaus nė vieno, nes visi turi pirmapradę nuodėmę, kuri persiduoda iš protėvių, ir pačių padarytų nuodėmių. Laiškas romiečiams 3, 10 sako: „Nėra teisaus, nėra nė vieno." Vienas ir vienintelis teisus žmogus buvo ir yra Jėzus Kristus.

Jėzus, kuris neturėjo pirmapradės nuodėmės ir pats nė karto nenusidėjo, praliejo savo kraują, numirė ant kryžiaus, kad atliktų bausmę už mūsų nuodėmes, prisikėlė iš numirusių ir tapo mūsų Gelbėtoju. Tą akimirką, kai įtikime į Jėzų Kristų, kuris yra kelias, tiesa ir gyvenimas, mūsų nuodėmes nuplaunamos, ir mes nuteisinami. Tačiau tai, kad tampame teisūs tikėjimu, nereiškia, kad tai viskas. Taip, kai įtikime į Jėzų Kristų, mūsų nuodėmės atleidžiamos, ir mes nuteisinami, tačiau vis dar turime nuodėmingų polinkių savo širdyje.

Todėl Laiške romiečiams 2, 13 parašyta: „Teisūs Dievo akyse juk ne įstatymo klausytojai; teisūs bus pripažinti įstatymo vykdytojai." Nors mes nuteisinami tikėjimu, tikrai teisūs tampame tik tuomet, kai pakeičiame savo nuodėmingą širdį į tiesos širdį, elgdamiesi pagal Dievo žodį.

Senojo Testamento laikais, prieš Šventosios Dvasios atėjimą, žmonės negalėjo atsikratyti visų nuodėmių savo jėgomis. Todėl, jeigu nenusidėdavo darbais, jie nebuvo laikomi nusidėjėliais. Tai buvo Įstatymo laikotarpis – „akis už akį, dantis už dantį". Tačiau Dievas nori, kad apsipjaustytume širdis – atsikratytume netiesos bei nuodėmės širdyje ir darytume meilės ir gailestingumo darbus.

Skirtingai negu Senajame Testamente, Naujojo Testamento laikais žmonės, priėmę Jėzų Kristų, apdovanojami Šventąja Dvasia, kurios padedami gali atsikratyti nuodėmingos prigimties savo širdyje. Žmogus negali atmesti nuodėmės ir tapti teisus savo jėgomis. Todėl ir atėjo Šventoji Dvasia.

Mums reikia Šventosios Dvasios pagalbos, kad taptume teisūs. Kai maldoje šaukiamės Dievo, Šventoji Dvasia padeda mums, todėl galime įveikti nuodėmes ir išrauti nuodėmingą prigimtį iš savo širdies! Atmesdami nuodėmes, šventėdami ir siekdami tikėjimo pilnatvės saiko su Šventosios Dvasios pagalba gauname vis daugiau Dievo meilės ir tampame tikrais teisiaisiais.

Kodėl mes turime tapti teisūs?

Galite paklausti: „Ar man būtina tapti teisiuoju? Ar neužtenka tikėti Jėzumi pagal savo supratimą ir gyventi normalų gyvenimą?" Tačiau Dievas sako: „Žinau tavo darbus, jog nesi nei šaltas, nei karštas. O, kad būtum arba šaltas, arba karštas! Bet kadangi esi drungnas ir nei karštas, nei šaltas, aš išspjausiu tave iš savo burnos" (Apreiškimas Jonui 3, 15-16).

Dievui nepatinka „vidutiniškas tikėjimas". Drungnas tikėjimas pavojingas, nes tikrai sunku išlaikyti jį ilgą laiką. Drungnas tikėjimas galų gale atšąla, nes jis kaip drungnas vanduo, kuris stovėdamas atšąla. Dievas sako, kad išspjaus žmones su tokiu tikėjimu. Tai reiškia, kad turintieji drungną tikėjimą nebus išgelbėti.

Kodėl mes turime tapti teisūs? Laiške romiečiams 6, 23 parašyta: „Atpildas už nuodėmę mirtis". Nusidėjėlis priklauso priešui velniui ir eina mirties keliu, todėl jam reikia nusigręžti nuo nuodėmės ir tapti teisiuoju. Tik tuomet jis išsivaduos iš išbandymų, vargų ir ligų, kuriais velnias jį kankina. Šiame pasaulyje žmogus susiduria įvairiausiais liūdnais ir slegiančiais įvykiais: ligomis, nelaimėmis ir mirtimis. Tačiau jis išsivaduoja iš visų šių bėdų, jeigu tampa teisiuoju.

Todėl turime įsidėmėti Dievo žodžius, ir laikytis visų Jo įsakymų. Jeigu gyvename tiesoje, mums priklauso visi palaiminimai, išvardinti Pakartoto Įstatymo knygos 28-ame skyriuje. Kai mūsų sielai seksis, klestėsime visose gyvenimo srityse ir būsime sveiki.

Tačiau, kol tapsite teisiaisiais, kurie gauna visus šiuos palaiminimus, susidursite su sunkumais. Pavyzdžiui, sportininkai, norėdami laimėti aukso medalį olimpinėse žaidynėse, labai daug treniruojasi. Panašiai, Dievas po truputį leidžia savo vaikams susidurti su išbandymais ir sunkumais pagal jų jėgas ir tikėjimo mastą, kad jų sieloms vis labiau sektųsi.

Dievas Abraomui pasakė: „Eik mano keliu ir būk be priekaišto" (Pradžios knyga 17, 1). Dievas ugdė jį, kad jis taptų tikrai teisiu žmogumi. Galų gale, kai Abraomas išlaikė paskutinį išbandymą, atiduodamas savo vienintelį sūnų Izaoką kaip deginamąją auką Dievui, išmėginimai baigėsi. Abraomas buvo palaimintas visą likusį gyvenimą, ir viskas jam sekėsi.

Dievas ugdo mus, didina mūsų tikėjimą ir daro mus teisius. Kai išlaikome išmėginimą, Dievas palaimina mus ir veda į didesnį tikėjimą. Šis procesas daro mūsų širdį vis panašesnę į Viešpaties.

Šlovė, kurią gausime danguje, bus nevienoda ir priklausys nuo to, kiek nuodėmių atsikratėme, ir kiek mūsų širdys bus panašios į Kristaus širdį. Pirmame laiške korintiečiams 15, 41 parašyta: „Vienoks saulės švytėjimas, kitoks mėnulio blizgesys ir dar kitoks žvaigždžių žėrėjimas. Net ir žvaigždė nuo žvaigždės skiriasi spindėjimu." Mūsų šlovė danguje priklausys nuo šiame pasaulyje pasiekto teisumo. Dievui reikia vaikų, turinčių Viešpaties širdį. Šie žmonės įžengs į amžinąją buveinę Naujojoje Jeruzalėje, kur stovi Dievo sostas, ir gyvens šlovėje, spindinčioje kaip saulė.

Teisusis gyvens tikėjimu

Kaip mums gyventi, kad taptume teisiaisiais? Tikėjimu, kaip sako Laiškas romiečiams 1, 17: „Teisusis gyvens tikėjimu."

Tikėjimas būna dviejų kategorijų: kūniškas ir dvasinis. Kūniškas tikėjimas pagrįstas žiniomis, tai tikėjimas protu.

Kai žmogus gimsta ir auga, viskas, ką jis mato, girdi ir sužino iš tėvų, mokytojų, kaimynų ir draugų tampa žiniomis, saugomomis jo atmintyje. Jeigu žmogus tiki tik tuo, kas atitinka jo turimas žinias, jis turi kūnišką tikėjimą. Žmonės, turintys šios kategorijos tikėjimą, įsitikinę, kad ką nors sukurti galima tik iš to, kas jau yra. Jie negali patikėti sukūrimu iš nieko.

Pavyzdžiui, jie netiki, kad Dievas sukūrė dangų ir žemę Žodžiu. Jie negali patikėti, kas Jėzus nutildė audrą, sudraudęs vėją ir įsakęs ežerui: „Nutilk, nurimk!" (Evangelija pagal Morkų 4, 39). Dievas privertė asilę prabilti žmogaus balsu. Jis leido Mozei lazda perskirti Raudonąją jūrą. Jis sutrupino neįveikiamas Jericho miesto sienas, kai izraelitai žygiavo aplink miestą ir garsiai šaukė. Šie įvykiai atrodo visai nelogiški vidutinio žmogaus protui. Ar įmanoma perskirti jūrą, pakėlus lazdą? Tačiau, jeigu Dievas – kuriam nieko nėra negalimo – to imasi, tai įvyksta! Žmogus, išpažįstantis tikėjimą į Dievą, bet neturintis dvasinio tikėjimo, netiki, kad šie įvykiai tikrai buvo. Kūnišką tikėjimą turintys žmonės negali patikėti Dievo žodžiu ir tuo labiau paklusti jam. Jie negauna atsakymų į maldas ir negali būti išgelbėti. Todėl jų tikėjimas vadinamas mirusiu.

Dvasinis tikėjimas, priešingai, tiki sukūrimu iš nieko ir vadinasi gyvu tikėjimu. Turintieji šį tikėjimą paima į nelaisvę kūniškas mintis ir nebando suprasti įvykių bei situacijų, remdamiesi tik savo žiniomis ir protu. Jie priima visus Biblijos žodžius taip, kaip jie parašyti. Dvasinis tikėjimas tiki neįmanomais dalykais. Jis atveda žmones į išgelbėjimą, todėl vadinamas gyvu tikėjimu. Jeigu norite tapti teisiaisiais, turite įgyti dvasinį tikėjimą.

Kaip įgyti dvasinį tikėjimą

Norėdami įgyti dvasinį tikėjimą turime atsikratyti visų minčių ir teorijų, trukdančių jam. Kaip apaštalas Paulius sako, turime nugalėti gudravimus ir puikybę, kuri sukyla prieš Dievo pažinimą, bei paimti nelaisvėn kiekvieną mintį, kad paklustų Kristui (Antras laiške korintiečiams 10, 5).

Pažinimas, teorijos, protavimas ir vertybės, kuriuos žmogus įgyja nuo gimimo, ne visada teisingi. Tik Dievo žodis yra absoliuti ir amžina tiesa. Jeigu atkakliai laikome tiesa savo pažinimą ir teorijas, negalime priimti Dievo žodžio tiesos. Šiuo atveju neįgysime dvasinio tikėjimo. Todėl būtina ir visų svarbiausia palaužti savo kūnišką proto nusistatymą.

Dvasinio tikėjimo ugdymui turime įdėmiai klausyti Dievo žodžio. Laiškas romiečiams 10, 17 sako, kad tikėjimas ateina iš klausymo, todėl turime girdėti Dievo žodį. Jeigu negirdime Dievo žodžių, nežinome, kas yra tiesa, ir neturime dvasinio tikėjimo. Klausant Dievo žodžio ir žmonių liudijimų bažnyčios susirinkimuose, tikėjimas auga mumyse, net jei iš pradžių jis būna dar kūniškas.

Norėdami paversti tikėjimą protu į dvasinį, turime vykdyti Dievo žodį. Jokūbo laiške 2, 22 parašyta, kad tikėjimas veikia kartu su darbais, kurie tikėjimą padaro tobulą.

Žmogus, kuriam patinka beisbolas, netaps geru beisbolo žaidėju, perskaitęs daug knygų apie šią sporto šaką. Jis turi daug treniruotis pagal įgytas žinias, kad taptų geru beisbolo žaidėju. Lygiai taip pat, nesvarbu, kiek skaitysite Bibliją, jeigu nevykdysite to, ką perskaitote. Jūsų tikėjimas liks pagrįstas tik protu ir nebus dvasinis. Kai vykdysite, ką išgirdote, Dievas suteiks jums dvasinį tikėjimą, kylantį iš širdies gelmių.

Kas tikrai iš širdies tiki ir išgirsta Dievo žodžius: „Visuomet džiaukitės, be paliovos melskitės, visokiomis aplinkybėmis dėkokite", ką jis daro? Žinoma, džiaugiasi ne tik geromis aplinkybėmis, bet ir sunkumais. Jis su džiaugsmu atiduoda viską į Dievo rankas. Nepaisydamas savo užimtumo jis skiria laiko maldai ir, nepaisydamas aplinkybių, dėkoja tikėdamas, kad jo maldos bus išklausytos, nes jis tiki į Visagalį Dievą.

Kai vykdome šiuos Dievo žodžius, Dievui patinka mūsų tikėjimas, ir Jis patraukia išbandymus bei vargus ir išklauso mūsų maldas, todėl tikrai turime kuo džiaugtis ir už ką dėkoti. Kai uoliai meldžiamės, atsikratome netiesos savo širdyje su Šventosios Dvasios pagalba ir elgiamės pagal Dievo žodį, mūsų tikėjimas protu tampa pamatu, ant kurio Dievas stato mūsų dvasinį tikėjimą.

Turėdami dvasinį tikėjimą vykdome Dievo žodį. Kai tikėjimu bandome vykdyti tai, ko negalime, Dievas mums padeda. Todėl nesunku gauti finansinį palaiminimą. Dievas ragina atnešti visą dešimtinę, kad gausiai apipiltų mus palaiminimais (Malachijo knyga 3, 10). Tikėdami, kad pjausime 30, 60 arba 100 kartų daugiau, sėjame su džiaugsmu ir patiriame Dievo meilę bei palaiminimus.

Keliai į gyvenimą tikėjimu

Kasdieniniame gyvename susiduriame su savo „Raudonąja jūra", kurią turime pereiti, „Jerichu", kurį reikia sugriauti ir „patvinusiu Jordanu", kurį reikia kirsti. Susidūrę su šiomis problemomis būtina pasilikti tiesoje, kitaip tariant, gyventi tikėjimu. Pavyzdžiui, jeigu turime kūnišką tikėjimą, gavę antausį norime duoti atgal ir pykstame ant mušeikos. Tačiau turėdami dvasinį tikėjimą, ne tik nepyksime, bet net mylėsime savo skriaudėją. Kai turime gyvą tikėjimą – vykdome Dievo žodį – priešas velnias bėga nuo mūsų, ir visos problemos išsisprendžia.

Tikėjimu gyvenantis teisusis myli Dievą, laikosi Jo įsakymų ir vadovaujasi tiesa. Kartais žmonės klausia: „Ar įmanoma laikytis visų įsakymų?" Kaip vaikas savaime gerbia savo tėvus ir vyras su žmona myli vienas kitą, taip savaime vykdome Jo įsakymus, būdami Dievo vaikais.

Naujatikiams, tik pradėjusiems lankyti bažnyčią, iš pradžių

gali būti sunku sustabdyti savo verslą sekmadieniais. Jie girdi, kad Dievas palaimins juos, jeigu jie švęs šabą, uždarydami savo parduotuvę sekmadieniais, bet pradžioje sunku tuo patikėti. Kartais jie sekmadieniais ateina į rytines pamaldas, ir atidaro parduotuvę po pietų. Kita vertus, brandiems tikintiesiems svarbiausias ne pelnas, bet Dievo žodžio vykdymas, todėl jie uždaro savo įmones sekmadieniais. Dievas mato jų tikėjimą ir pasirūpina, kad jie gautų daug daugiau pelno negu dirbdami sekmadieniais. Dievas, kaip pažadėjo, apsaugo juos bei palaimina, duodamas saiką gerą, prikimštą, sukratytą ir su kaupu.

Tas pats ir su nuodėmių atmetimu. Sunku atmesti neapykantą, pavydą ir geismą, bet jų galima atsikratyti, kaštai meldžiantis. Mano asmeninė patirtis liudija, kad pasninkas padeda įveikti maldai atsparias nuodėmes. Jeigu trijų dienų pasninkas nepadėdavo, pasninkaudavau penkias dienas. Jeigu ir tai nepadėdavo, pasninkaudavau septynias, paskui dešimt dienų. Pasninkaudavau, kol atmesdavau nuodėmę. Paskui pastebėjau, jog atmetu nuodėmes, kad išvengčiau pasninkavimo!

Jeigu atsikratome kelių nuodėmių, kurias sunkiausia atmesti, paskui lengvai įveikiame kitas nuodėmes. Tai kaip medžio rovimas su šaknimis. Jeigu išrauname pagrindinę šaknį, visos kitos išsirauna kartu.

Jeigu mylime Dievą, nesunku laikytis Jo įsakymų. Kaip galima mylėti Dievą ir neklausyti Jo žodžių? Mylėti Dievą reiškia laikytis Jo žodžio. Jeigu turite meilę Dievui, jūs galite laikytis visų Jo įsakymų. Ar jūsų sunkumai dideli kaip Raudonoji jūra ir neįveikiami kaip Jericho miestas?

Jeigu turime dvasinį tikėjimą, darome tikėjimo darbus ir einame teisumo keliu, Dievas patraukia visus mūsų vargus ir kančias. Kuo teisesni tampame, tuo greičiau Dievas išsprendžia mūsų problemas ir išklauso maldas! Tikiuosi, kad džiaugsitės ne tik klestėjimu šiame pasaulyje, bet ir amžinais palaiminimais danguje, gyvendami tikėjimu ir būdami teisūs Dievo žmonės!

Paaiškinimai

Mintys, teorijos ir mąstymo rėmai

Mintys per sielos veikimą iškelia žinias, saugomas mūsų atmintyje. Šios mintys būna dviejų kategorijų: kūniškos prieš Dievą ir dvasinės, patinkančios Dievui. Jeigu savo atmintyje pasirenkame žinias, kurios yra tiesa, mums kyla dvasinės mintys, o jeigu pasirenkame netiesą – kūniškos.

Teorija yra logika, pagrįsta žiniomis, įgytomis iš patirties, protavimo ir išsilavinimo. Teorijos priklauso nuo žmogaus patirties, mąstymo ir laikotarpio. Jos kelia diskusijas ir dažnai prieštarauja Dievo žodžiui.

Mąstymo rėmai yra įsitikinimai, kuriais remdamasis žmogus tiki esąs teisus. Mąstymo rėmai atsiranda, žmogui vis atkakliau pasitikint savo teisumu. Todėl vieniems mąstymo rėmai būna jų pačių charakteris, o kitiems – turimos žinios ir teorijos. Turime girdėti Dievo žodį ir suprasti tiesą, kad atrastume šiuos rėmus savo protuose ir atsikratytume jų.

8 skyrius

Paklusnumas Kristui

"Vis dėlto, gyvendami kūne, mes kovojame ne kūniškai. Mūsų kovos ginklai ne kūniški, bet turi Dievo galybę griauti tvirtoves. Jais nugalime gudravimus ir bet kokią puikybę, kuri sukyla prieš Dievo pažinimą. Jais paimame nelaisvėn kiekvieną mintį, kad paklustų Kristui, ir esame pasirengę nubausti kiekvieną neklusnumą, kai tik jūsų klusnumas taps tobulas."
(Antras laiškas korintiečiams 10, 3-6)

Priėmę Jėzų Kristų ir tapę teisiais žmonėmis, turinčiais dvasinį tikėjimą, gausime neįtikėtinų palaiminimų iš Dievo – ne tik atnešime garbę Jam, darydami Jo galingus darbus, bet ir prašydami, ko tik norime, būsime Dievo išklausyti ir gyvensime, visokeriopai klestėdami.

Tačiau žmonės, išpažįstantys tikėjimą į Dievą, bet nevykdantys Dievo žodžio, negali pasiekti Jo teisumo. Jie meldžiasi ir daug dirba Viešpačiui, tačiau negauna palaiminimų ir nuolat susiduria su išmėginimais, sunkumais ir ligomis. Kas turi tikėjimą, tas gyvena pagal Dievo žodį, patirdamas Jo gausius palaiminimus. Bet kodėl daug tikinčiųjų to nedaro? Todėl, kad laikosi įsikibę kūno rūpesčių.

Kūno rūpesčiai priešiški Dievui

„Kūnas" čia reiškia nuodėmingos prigimties valdomą žmogaus kūną. Nuodėminga prigimtis yra netiesa žmogaus širdyje, išoriškai nepasireiškusi darbais. Šios netiesos sukeltos mintys vadinamos „kūno rūpesčiais". Turėdami kūno rūpesčių negalime paklusti tiesai. Laiškas romiečiams 8, 7 sako: „Kūno rūpesčiai priešiški Dievui; jie nepaklūsta Dievo įstatymui ir net negali paklusti."

Kas gi tie kūno rūpesčiai? Rūpesčiai būna dviejų tipų. Dvasios rūpesčiai, padedantys gyventi pagal Dievo įstatymus, ir kūno rūpesčiai, trukdantys elgtis pagal juos (Laiškas romiečiams 8, 6). Pasirinkdami tiesą arba netiesą, rūpinamės Dvasios reikalais arba kūno reikalais.

Pamatę mums nepatinkantį žmogų galime sutelkti mintis į tai, kas jame mus erzina. Kita vertus, galime galvoti apie tai, kaip mums jį pamilti. Matydami artimui priklausantį vertingą daiktą, galime galvoti, kaip jį pavogus, arba prisiminti, kad turime negeisti savo artimo turto. Mintys, atitinkančios Dievo įsakymus „Mylėk savo artimą" ir „Negeisk", yra Dvasios rūpesčiai. Tuo tarpu piktos mintys apie vagystę prieštarauja Dievo įsakymams, todėl jos yra kūno rūpesčiai.

Kūno rūpesčiai priešiški Dievui, jie sustabdo mūsų dvasinį augimą ir sukyla prieš Dievą. Įklimpę į kūno rūpesčius tolstame nuo Dievo, pasiduodame netikinčiųjų pasauliui ir galiausiai susiduriame su išbandymas bei vargais. Mes matome, girdime ir sužinome daug dalykų šiame pasaulyje. Dažnai jie prieštarauja Dievo valiai ir trukdo gyventi tikėjimu. Turime suprasti, kad šie dalykai yra kūno rūpesčiai, priešiški Dievui. Atradę savyje kūno rūpesčius turime visiškai atsikratyti jais. Nesvarbu, kokie pagrįsti jie atrodo, jeigu nesutampa su Dievo valia, tai priešiški Dievui kūno rūpesčiai.

Prisiminkime Petro atvejį. Kai Jėzus pasakė mokiniams, kad eis į Jeruzalę, bus nukryžiuotas ir trečią dieną prisikels, Petras tarė: „Nieku gyvu, Viešpatie, tau neturi taip atsitikti!" (Evangelija pagal Matą 16, 22). Jėzus jam atšovė: „Eik šalin, šėtone! Tu man papiktinimas, nes mąstai ne Dievo, o žmonių mintimis" (Evangelija pagal Matą 16, 23).

Petras, uolusis Jėzaus mokinys, pasakė tai iš meilės savo mokytojui. Tačiau nesvarbu, kokie geri buvo ketinimai, jo žodžiai prieštaravo Dievo valiai. Dievo valia buvo Jėzaus nukryžiavimas, atvėręs išgelbėjimo kelią, todėl Jėzus vijo šalin šėtoną, kuris klaidino Petrą, jaukdamas šio mintis. Tapęs Jėzaus mirties ir prisikėlimo liudininku Petras suprato, kokie beverčiai ir priešiški Dievui kūno rūpesčiai, ir palaužė visas savo kūniškas mintis.

Todėl Petras tapo pagrindiniu Kristaus evangelijos skleidėju ir pirmosios bažnyčios statytoju ir tvirtintoju.

Teisuoliškumas – vienas iš pagrindinių kūno rūpesčių

Teisuoliškumas yra bene geriausias pavyzdys tarp įvairiausių kūno rūpesčių. Paprastai tariant, teisuoliškumas yra įrodinėjimas, kad esi teisus. Žmogus nuo pat gimimo daug išmoksta iš savo tėvų ir mokytojų. Taip pat jis mokosi iš draugų ir įvairių aplinkybių, kuriose atsiduria.

Tačiau net geriausi tėvai ir mokytojai negali išmokyti tik tiesos. Paprastai žmonės išmoksta daug dalykų, prieštaraujančių Dievo valiai. Žinoma, visi stengiasi išmokyti tiesos jų manymu, tačiau pagal Dievo teisumo standartus beveik viskas, ko jie moko, yra netiesa, o tiesos labai nedaug, nes niekas nėra geras, tik vienas Dievas (Evangelija pagal Morkų 10, 18; Evangelija pagal Luką 18, 19).

Pavyzdžiui, Dievas sako mums atsilyginti už bloga geru ir eiti dvi mylias su tuo, kas verčia mus eiti su juo vieną mylią, atiduoti ir marškinius, norinčiam atimti iš mūsų apsiaustą. Dievas moko, kad tarnaujantis didesnis už tą, kuriam tarnauja; o tas, kuris pasiaukoja, yra tikrasis nugalėtojas. Tačiau žmonės labai skirtingai supranta teisumą. Jie ragina atmokėti piktu už pikta ir kovoti su blogiu iki galo, kol nugalėsime.

Štai paprastas pavyzdys. Jūsų vaikas grįžta iš draugo namų

verkdamas. Jo veidas apdraskytas nagais. Tokiais atvejais dauguma tėvų labai susinervina ir ima barti savo vaiką. Kai kurie net pareiškia: „Kitą kartą nesiduok skriaudžiamas. Duok grąžos!" Jie moko savo vaiką, kad būti primuštam yra silpnumo arba pralaimėjimo ženklas.

Kartais sunkūs ligoniai būna labai reiklūs. Nepaisydami, kaip jaučiasi slaugytojas, jie reikalauja tai to, tai ano, kad jiems būtų patogiau. Ligonių požiūriu, jie labai kenčia, todėl jų veiksmai pateisinami. Tačiau Dievas moko siekti ne savo naudos, bet kitų. Dauguma žmonių mąsto visai kitaip negu Dievas. Žmogaus teisumo standartai ir Dievo teisumo standartai labai skirtingi.

Pradžios knygoje 37, 2 parašyta, kad Juozapas teisuoliškai papasakojo tėvui apie savo brolių blogus darbus. Juozapo požiūriu, jam nepatiko jo brolių pikti darbai. Jeigu Juozapas būtų turėjęs truputį daugiau širdies gerumo, būtų prašęs Dievo išminties ir radęs geresnį bei taikesnį problemos sprendimą, nesudarydamas nepatogumų savo broliams. Tačiau savo teisuoliškumu jis išprovokavo brolių neapykantą ir jų rankomis buvo parduotas į Egipto vergiją. Jeigu jūs įžeidžiate kitus todėl, kad esate įsitikinę savo teisumu, galite susidurti su panašiais vargais.

Tačiau kas atsitiko Juozapui, kai jis per išbandymus ir vargus supranto Dievo teisumą? Jis atmetė savo teisuoliškumą ir tapo vyriausiuoju Egipto ministru, valdė daugybę žmonių. Jis išgelbėjo iš didžiulio bado savo šeimą, įskaitant brolius, pardavusius jį į vergiją. Juozapas padėjo pamatą Izraelio tautos susiformavimui.

Apaštalas Paulius palaužė savo kūno rūpesčius

Laiške filipiečiams 3, 7-9 apaštalas Paulius sako: „Bet tą pirmenybę aš dėl Kristaus palaikiau nuostoliu. O taip! Aš iš tikrųjų visa laikau nuostoliu, palyginti su Kristaus Jėzaus, mano Viešpaties, pažinimo didybe. Dėl jo aš ryžausi visko netekti ir viską laikau sąšlavomis, kad tik laimėčiau Kristų ir būčiau jame..."

Gimęs Tarse, Kilikijos sostinėje, Paulius buvo Romos pilietis. Pasaulį valdžiusios Romos pilietybės turėjimas užtikrino didelę socialinę galią. Be to, Paulius buvo griežtas fariziejus iš Benjamino giminės (Apaštalų darbai 22, 3) ir mokėsi pas Gamalielį, geriausią tų laikų mokytoją.

Uolusis žydas Paulius buvo aršus krikščionių persekiotojas ir, vykdamas į Damaską suimti krikščionių, susidūrė su Jėzumi Kristumi. Susitikęs su Viešpačiu, Paulius suprato savo nusikaltimus ir įsitikino, kad Jėzus Kristus yra tikrasis Gelbėtojas. Nuo šios akimirkos jis išsižadėjo savo išsilavinimo, vertybių bei socialinio statuso ir sekė Kristumi.

Kodėl po susitikimo su Jėzumi Kristumi Paulius laikė nuostoliu visus jam naudingus dalykus? Jis suvokė, kad visos jo sukauptos žinios yra iš žmonių, tik kūrinių, todėl labai ribotos. Jis sužinojo, kad žmogus gauna gyvenimą ir amžiną laimę danguje, tikėdamas į Dievą ir priimdamas Jėzų Kristų, ir kad pažinimo bei viso supratimo pradžia yra Dievas.

Paulius suprato, kad žemiškasis išsilavinimas reikalingas tik gyvenimui šiame pasaulyje, bet Jėzaus Kristaus pažinimas be galo didis ir galintis išspręsti pagrindinę žmogaus problemą. Jis suvokė, kad Jėzaus Kristaus pažinime glūdi beribė galia ir valdžia, lobiai garbė ir turtai. Jis taip tvirtai tikėjo šiuo faktu, kad laikė nuostoliu ir sąšlavomis visą savo išsimokslinimą ir supratimą. Jis troško tik Kristaus ir gyvenimo Jame.

Kas užsispyręs galvoja, kad viską žino ir visada yra teisus, tas niekada neatras tikrojo savęs ir visada galvos esąs geriausias. Toks žmogus neklauso kitų su nuolankia širdimi, todėl negali nieko išmokti ir suprasti. Tačiau Paulius susitiko Jėzų Kristų, didžiausią visų laikų mokytoją. Norėdamas priimti Jo mokymą, jis atmetė visas kūniškas mintis, kurias kadaise laikė visiška tiesa. Paulius turėjo atsikratyti kūniškų minčių , kad įgytų didingą Kristaus pažinimą.

Todėl apaštalas Paulius pasiekė Dievui patinkantį teisumą ir išpažino: „Dėl jo aš ryžausi visko netekti ir viską laikau sąšlavomis, kad tik laimėčiau Kristų ir būčiau jame, nebeturėdamas nuosavo teisumo, kurį teikia įstatymas, bet turėdamas teisumą iš tikėjimo Kristumi, einantį iš Dievo, paremtą tikėjimu" (Laiškas filipiečiams 3, 8-9).

Teisumas, kylantis iš Dievo

Paulius griežtai laikėsi Įstatymo ir buvo įsitikinęs savo teisumu prieš susitikimą su Viešpačiu. Tačiau sutikęs Kristų ir gavęs Šventąja Dvasią pamatė savo tikrąją padėtį ir pareiškė: „Kristus Jėzus atėjo į pasaulį gelbėti nusidėjėlių, kurių pirmasis esu aš" (Pirmas laiškas Timotiejui 1, 15). Jis suvokė ir pirmapradę, ir daugybę savo padarytų nuodėmių, bei pamatė, kad jam trūksta tikros dvasinės meilės. Jeigu jis būtų buvęs teisus ir gyvenęs tikėjimu, patinkančiu Dievui, būtų atpažinęs Jėzų ir tarnavęs Jam nuo pat pradžių. Tačiau jis nepažino Gelbėtojo ir persekiojo tikinčiuosius į Jėzų. Jis nesiskyrė nuo fariziejų, kurie prikalė Jėzų prie kryžiaus.

Senojo Testamento laikais žmonės turėjo atsilyginti, atiduodami akį už akį ir dantį už dantį. Įstatymas reikalavo užmušti akmenimis kiekvieną, kas nužudydavo žmogų arba svetimaudavo. Tačiau fariziejai nesuprato Dievo širdies Įstatyme. Kodėl mylintis Dievas sukūrė tokias taisykles?

Senojo Testamento laikais Šventoji Dvasia neateidavo į žmonių širdis. Jiems buvo sunkiau suvaldyti savo veiksmus, negu mums, gavusiems Šventąją Dvasią, Globėją, Naujojo Testamento laikais. Nuodėmė būtų labai greitai išplitusi be atpildo už ją, viską atleidžiant. Įstatymas turėjo sulaikyti žmones nuo nuodėmių darymo ir jų išplitimo, todėl jie turėjo sumokėti gyvybe už gyvybę, akimi už akį, dantimi už dantį ir koja už koją. Žmogžudystė ir svetimavimas yra labai sunkios nuodėmės net pasaulio standartais. Žmogus, darantis šias nuodėmes, turi labai kietą širdį. Jam labai sunku pakeisti savo gyvenimo kryptį. Jis negali būti išgelbėtas ir keliauja į pragarą, todėl jam geriau būti užmuštam akmenimis, kad ši bausmė būtų įspėjimas ir pamoka kitiems.

Tai taip pat Dievo meilė, bet Jis niekada nenorėjo, kad žmogus tikėtų įstatymu, reikalaujančiu akies už akį ir danties už dantį. Dievas sako Pakartoto Įstatymo knygoje 10, 16: „Tad apipjaustykite savo surambėjusias širdis ir nebebūkite daugiau kietasprandžiai." Jeremijo knygoje 4, 4 parašyta: „Apipjaustykite savo širdis VIEŠPAČIUI, pašalinkite iš savo širdžių surambėjimą, Judo vyrai ir Jeruzalės gyventojai, idant mano pyktis neprasiverždų kaip ugnis ir nedegtų neužgesinamas dėl jūsų nedorų darbų."

Net Senojo Testamento laikais Dievo pripažinti pranašai turėjo ne įstatymo raide pagrįstą tikėjimą, nes Dievui svarbiausia mūsų dvasinė meilė ir gailestingumas. Jėzus Kristus meile įvykdė įstatymą, ir pranašai bei patriarchai, gavę Dievo meilę ir palaiminimus, siekė meilės ir ramybės.

Mozė maldavo Dievą iškeisti jo išgelbėjimą į Izraelio tautos, užtardamas žmones, stovinčius ant mirties slenksčio dėl padarytos neatleistinos nuodėmės. Tačiau Paulius buvo ne toks prieš susitikimą su Jėzumi Kristumi. Jis buvo teisus ne Dievo, bet savo akyse.

Tik po susitikimo su Kristumi jis laikė nuostoliu viską, ką iki tol žinojo, ir pradėjo skelbti Kristaus pažinimo didybę. Paulius iš meilės sieloms steigė bažnyčias visur, kur nuvykdavo, ir paaukojo savo gyvybę už evangeliją. Jis nugyveno be galo vertingą ir kilnų gyvenimą.

Saulius nepakluso Dievui kūno rūpesčiais

Saulius yra puikus žmogaus, sukilusio prieš Dievą dėl kūno rūpesčių, pavyzdys. Pranašo Samuelio pateptas Saulius buvo pirmasis Izraelio karalius, valdęs šalį 40 metų. Jis buvo nuolankus žmogus, prieš tapdamas karaliumi. Tačiau tapęs valdovu jis palaipsniui darėsi vis išdidesnis. Pavyzdžiui, kai Izraelis ruošėsi kariauti su filistinais, ir pranašas Samuelis neatėjo paskirtu laiku, o žmonės pradėjo skirstytis, Saulius pats aukojo deginamąją auką ant aukuro, elgdamasis prieš Dievo valią, nes tik kunigas galėjo tai daryti. Kai Samuelis subarė jį už šį nusižengimą, užuot atgailavęs, Saulius puolė teisintis.

Kai Dievas liepė Sauliui sunaikinti visus amalekiečius, šis nepakluso. Jis paėmė karalių į nelaisvę, ir parsiginė namo galvijų. Jis įsileido į širdį kūno rūpesčius, todėl vadovavosi savo mintimis, bet ne Dievo žodžiais ir norėjo, kad žmonės jį aukštintų. Galų gale Dievas nusigręžė nuo Sauliaus, ir piktosios dvasios kankino jį. Tačiau šis vis tiek neatsisakė pikto ir bandė nužudyti Dovydą, Dievo pateptąjį. Dievas davė Sauliui daug progų atsiversti, bet šis neatmetė savo kūno rūpesčių ir atkakliai neklausė Dievo. Galiausiai Saulius nuėjo mirties keliu.

Kelias į Dievo teisumą per tikėjimą

Kaip mums atmesti priešiškus Dievui kūno rūpesčius ir tapti teisiems Dievo akyse? Atmeskime visus gudravimus ir bet kokią puikybę, sukylančią prieš Dievo pažinimą, ir paimkime nelaisvėn kiekvieną mintį, kad paklustų Kristui (Antras laiškas korintiečiams 10, 5).

Paklusnumas Kristui nėra pančiai ar vargai. Tai kelias į palaiminimus ir amžinąjį gyvenimą. Priėmusieji Jėzų Kristų savo Gelbėtoju patiria nuostabią Dievo meilę, todėl paklūsta Jo žodžiui ir stengiasi išsiugdyti panašią į Jo širdį.

Norėdami įgyti Dievo teisumą per mūsų Viešpatį Jėzų Kristų, turime atsikratyti visokio blogio (Pirmas laiškas tesalonikiečiams 5, 22) ir siekti gerumo. Jūs neturėsite kūno rūpesčių, jeigu jūsų širdyje nebus netiesos. Jūs priimate šėtono veikimą ir einate blogu keliu tokiu mastu, kiek netiesos turite savyje. Todėl paklusti Kristui reiškia išmesti netiesą iš savo vidaus, gilintis į Dievo žodį ir vykdyti jį.

Jeigu Dievas mums sako „nepraleisti savųjų susirinkimų", turime neįsitraukti į savo mintis, bet įsipareigoti lankyti bažnyčios susirinkimus. Lankydami Dievo garbinimo susirinkimus turime suprasti Jo kelius ir paklusti Jam. Tačiau Dievo žodžio supratimas nereiškia, kad iš karto pajėgsime praktiškai jį įgyvendinti. Turime melstis, kad gautume jėgų vykdyti Žodį darbais. Kai meldžiamės, prisipildome Šventosios Dvasios ir pajėgiame atmesti kūno rūpesčius. Tačiau jeigu nesimelsime, kūno rūpesčiai užvaldys mus ir paklaidins.

Todėl turime melstis, uoliai stengdamiesi gyventi pagal Dievo žodį. Prieš susitikimą su Jėzumi Kristumi galbūt vergavome kūno geiduliams, sakydami: „Ilsėkimės, pramogaukime, gerkime, valgykime ir linksminkimės". Tačiau pažinę Jėzų Kristų turime mąstyti apie tai, kaip siekti Jo karalystės ir Jo teisumo, bei stengtis daryti tikėjimo darbus. Turime atrasti ir atmesti nedorybes, pavyzdžiui, neapykantą ir pavydą, bei viską, kas prieštarauja Dievo žodžiui. Turime elgtis kaip Jėzus – mylėti savo priešus, nusižeminti ir tarnauti kitiems. Tai ir yra Dievo teisumo siekimas.

Tikiuosi, kad kaip apaštalas Paulius nugalėsite gudravimus ir bet kokią puikybę, sukylančią prieš Dievo pažinimą, ir paimsite nelaisvėn kiekvieną mintį, kad paklustų Kristui, gausite išminties ir supratimo iš Dievo ir tapsite teisiais žmonėmis, kuriems viskas sekasi.

Paaiškinimai

Teisumas tikėjimu, paklusnumu ir darbais

Teisumas tikėjimu yra teigiamų rezultatų regėjimas tikėjimo akimis, pasitikint Dievo žodžiu, užuot tiesiog mačius tikrovę tokią, kokia ji yra. Tai pasikliovimas ne savo mintimis ir gebėjimais, bet tik Dievo žodžiu.

Teisumas paklusnumu yra ne tik įsakymų vykdymas savo jėgomis. Teisus paklusnumu žmogus tiesos ribose paklūsta kiekvienam įsakymui, kurio neįmanoma įvykdyti. Tik teisus tikėjimu žmogus gali tapti teisus ir paklusnumu. Turintysis teisumą paklusnumu, pagrįstą tikėjimo teisumu, gali tikėjimu paklusti aplinkybėse, kuriose atrodo neįmanoma paklusti.

Teisumas darbais yra gebėjimas elgtis pagal Dievo valią be jokių išsisukinėjimų, kai reikia padaryti tai, ko Dievas nori. Gebėjimas darbais parodyti teisumą priklauso nuo žmogaus charakterio savybių ir širdies būsenos. Kuo daugiau žmogus ieško naudos ne sau, bet kitiems, tuo didesnis būna jo teisumas darbais.

9 skyrius

Tas, kurį Viešpats pristato

„Ne tas priimtinas, kuris pats prisistato, bet tas, kurį Viešpats pristato."
(Antras laiškas korintiečiams 10, 18)

Jeigu daug pasiekiame bet kokioje srityje, susilaukiame pripažinimo. Tačiau pripažinimas, kurio sulaukiame iš atsitiktinio žmogaus ir mūsų srities eksperto, turi skirtingą vertę. Jeigu mūsų Viešpats, karalių Karalius ir viešpačių Viešpats, pripažįsta mus, patiriame džiaugsmą, nepalyginamą su nieku šiame pasaulyje!

Tas, kurį Viešpats pristato

Dievas pagiria žmones, turinčius teisią širdį ir skleidžiančius Kristaus kvapą. Biblijoje nedaug vietų, kuriose Jėzus pagyrė žmones, ir gyrė Jis netiesiogiai, bet sakydamas: „Tu teisingai pasielgei", „Atsiminkite tai" arba „Pasakokite apie tai".

Evangelijoje pagal Luką, 21-ame skyriuje parašyta, kad viena neturtinga našlė paaukojo du smulkius pinigėlius. Jėzus pagyrė ją: „Iš tiesų sakau jums, šita neturtinga našlė įmetė daugiau už visus. Anie visi metė į aukų skrynią iš to, kas jiems atlieka, o ji iš savo neturto įmetė viską, ką turėjo pragyvenimui." (3-4 eilutės).

Evangelijos pagal Morkų 14-as skyrius pasakoja, kaip moteris išpylė brangų tepalą Jėzui ant galvos. Kai kurie ten buvusieji barė ją, sakydami: „Juk jį buvo galima parduoti daugiau negu už tris šimtus denarų ir pinigus išdalyti vargšams" (5-a eilutė).

Jėzus atsiliepė: „Vargšų jūs visuomet turite šalia savęs ir, kada tik panorėję, galite jiems gera daryti, o mane turėsite ne visuomet. Ji padarė, ką galėjo. Ji iš anksto patepė mano kūną laidotuvėms. Iš tiesų sakau jums: visame pasaulyje, kur tik bus skelbiama Evangelija, bus ir jos atminimui pasakojama, ką ji yra man padariusi." (7-9 eilutės).

Jeigu norite būti Viešpaties pagirti, visų pirma turite daryti tai, ką turite daryti. todėl pasigilinkime į tai, ką turime daryti, būdami Dievo žmonėmis.

Kad būtumėte Dievo pripažinti

1) Uoliai statykite aukurą Dievui

Pradžios knygoje 12, 7-8 parašyta: „VIEŠPATS pasirodė

Abromui ir tarė: 'Šį kraštą duosiu tavo palikuonims.' Ten Abromas pastatė jam pasirodžiusiam VIEŠPAČIUI aukurą. Iš čia jis pajudėjo kalnų link į rytus nuo Betelio ir pasistatė savo palapinę; į vakarus nuo jos buvo Betelis, o į rytus Ajas. Ir čia pastatė aukurą ir vardu šaukėsi VIEŠPATIES." Be to, Pradžios knygoje 13, 4 ir 13, 18 parašyta, kad Abraomas pastatė aukurą Dievui.

Pradžios knygos 28-as skyrius pasakoja, kaip Jokūbas pastatė aukurą Dievui. Bėgdamas nuo savo brolio, kuris bandė nužudyti jį, vienoje vietoje Jokūbas užmigo, pasidėjęs akmenį po galva. Jis sapnavo laiptus į dangų ir Dievo angelus, laipiojančius jais aukštyn ir žemyn, ir išgirdo Dievo balsą. Atsikėlęs anksti rytą, Jokūbas paėmė akmenį, kurį buvo pasidėjęs po galva, pastatė jį kaip paminklą užpylė ant jo viršaus aliejaus ir šlovino Dievą.

Mūsų laikais aukuro Dievui statymas yra bažnyčios susirinkimų lankymas. Tai nuoširdaus dėkojimo aukojimas, Dievo žodžio klausymas ir jo, dvasinio širdies peno, priėmimas. Tai išgirsto Dievo žodžio priėmimas ir pavertimas darbais. Kai garbiname Dievą dvasia ir tiesa bei vykdome Jo žodį, Dievas džiaugiasi mumis ir veda mus į palaiminimų gyvenimą.

2) Atnašaukite maldas, kurias Dievas nori girdėti

Malda yra dvasios kvėpavimas, bendravimas su Dievu. Jos svarba pabrėžta visoje Biblijoje. Žinoma, galėtume nieko Jam nesakyti, nes Jis viską žino. Tačiau Dievas nori bendrauti su mumis ir dalintis meile, todėl pažadėjo: „Prašykite, ir jums bus duota" (Evangelija pagal Matą 7, 7).

Turime melstis, kad mūsų sielai sektųsi ir nueitume į dangų. Tik prisipildę Dievo malonės ir galios bei Šventosios Dvasios pilnatvės pajėgiame atmesti kūno rūpesčius, prieštaraujančius tiesai, ir prisipildome Dievo žodžiu, tiesa. Turime melstis, kad taptume tiesos žmonėmis, dvasiniais žmonėmis. Meldžiantis, viskas mums taip gerai seksis ir būsime sveiki, kaip sekasi mūsų sielai.

Visi Dievo mylimi ir pripažinti žmonės daug meldėsi. Samuelio pirmoje knygoje 12, 23 parašyta: „Be to, gink Dieve, nusidėti VIEŠPAČIUI ir liautis melstis už jus." Norėdami gauti iš Dievo tai, kas žmogui neįmanoma, turime bendrauti su Dievu. Danielius, Petras ir Paulius buvo maldos žmonės. Jėzus melsdavosi auštant ir kartais per visą naktį. Kai prieš suimamas Jėzus meldėsi Getsemanės sode, Jo prakaitas pavirto kraujo lašais.

3) Turėkite tikėjimą, kad būtumėte išklausyti

Evangelijos pagal Matą 8-as skyrius pasakoja apie šimtininką, atėjusį pas Jėzų. Tuo metu Izraelis buvo Romos okupuotas. Šimtininkas Romos kariuomenėje buvo aukštesniojo rango karininkas. Jis paprašė Jėzaus išgydyti jo paralyžiuotą tarną. Jėzus matė šimtininko meilę ir tikėjimą, todėl nutarė nueiti ir išgydyti tarną.

Tačiau šimtininkas netikėtai išpažino savo tikėjimą:

„Viešpatie, nesu vertas, kad užeitum po mano stogu, bet tik tark žodį, ir mano tarnas pasveiks. Juk ir aš, pats būdamas valdinys, turiu sau pavaldžių kareivių. Taigi sakau vienam: 'Eik!' ir jis eina; sakau kitam: 'Ateik čionai!' ir jis ateina; sakau tarnui: 'Daryk tai!' ir jis daro." (Evangelija pagal Matą 8, 8-9).

Apsidžiaugęs šimtininko tikėjimu ir nuolankumu Jėzus tarė: „Iš tiesų sakau jums: niekur Izraelyje neradau tokio tikėjimo" (10-a eilutė). Daug žmonių trokšta turėti tokį tikėjimą, bet mes negalime jo įsigyti savo valia. Kuo daugiau gerumo turime širdyje ir kuo geriau vykdome Dievo valią, tuo daugiau tokio tikėjimo Dievas mus suteikia. Šimtininkas turėjo gerą širdį, todėl patikėjo tuo, ką matė ir girdėjo apie Jėzų. Dievas pripažįsta visus, kurie tiki bei daro tikėjimo darbus, ir veikia pagal jų tikėjimą.

4) Turėkite nuolankią širdį prieš Dievą

Evangelijoje pagal Morkų, 7-ame skyriuje, sirofinikietė moteris su nuolankia širdimi atėjo pas Jėzų, maldaudama išvaryti iš jos dukrelės demoną. Jėzus atsakė: „Leisk pirmiau pasisotinti vaikams. Juk negražu imti vaikų duoną ir mesti šunyčiams" (27-a eilutė). Moteris nesupyko ir neįsižeidė, net palyginta su šunyčiu.

Ji turėjo didžiulį troškimą būti išklausyta bet kokia kaina ir tikėjo į Jėzų, kuris buvo Tiesa, todėl nusižeminusi toliau maldavo, šaukdamasi pagalbos: „Taip, Viešpatie! Bet ir šunyčiai po stalu ėda, ką vaikai pritrupino" (28-a eilutė). Jėzus, sujaudintas svetimšalės tikėjimo ir nuolankumo, atsakė: „Dėl šitų žodžių eik namo; demonas jau išėjęs iš tavo dukters" (29-a eilutė). Mums reikia jos nuolankumo prieš Dievą, ieškant pagalbos ir meldžiantis.

5) Sėkite su tikėjimu

Sėja su tikėjimu taip pat yra teisumo, kurį Dievas pripažįsta, dalis. Jeigu norite tapti turtingi, sėkite pagal sėjos ir pjūties dėsnį. Labai svarbu atnešti Dievui dešimtinę ir padėkos aukas. Gamtos dėsnis akivaizdus – pjauname tai, ką pasėjame. Jeigu sėjame kviečius, pjausime kviečius, o jeigu sėjame pupas, pjausime pupas. Jeigu sėjame mažai, pjausime mažai, o jeigu sėsime daug, pjausime daug. Jeigu sėsime į derlingą žemę, pjausime gerus vaisius, ir kuo uoliau genėsime vaismedžius ir prižiūrėsime pasėlius, tuo geresnio derliaus sulauksime.

Aukos, kurias atnešame Dievui, panaudojamas žūstančių sielų gelbėjimui, bažnyčių statymui, misijų rėmimui ir stokojančių šelpimui. Galime išreikšti savo meilę Dievui aukomis. Aukos naudojamos Dievo karalystės ir Jo teisumo plėtimui, todėl Dievas su džiaugsmu priima jas ir laimina mus, grąžindamas 30, 60 arba 100 kartų daugiau. Kodėl Kūrėjas Dievas, kuriam nieko netrūksta, liepė aukoti Jam medžiagines vertybes? Kad suteiktų mums galimybę pjauti, ką pasėjome, ir gauti Jo palaiminimus!

Antrame laiške korintiečiams 9, 6-7 parašyta: „Argi ne taip: kas šykščiai sėja, šykščiai ir pjaus, o kas dosniai sėja, dosniai ir pjaus. Kiekvienas tegul aukoja, kaip yra širdyje nutaręs, ne gailėdamas ar tarsi verčiamas, nes Dievas myli linksmą davėją."

6) Visada tikėkite ir pasikliaukite Dievu

Dovydas visada klausdavo Dievo valios, todėl Jis vedė jį ir padėjo išvengti įvairių sunkumų. Dovydas teiraudavosi Dievo, kaip jam konkrečiai pasielgti beveik visais klausimais, ir elgdavosi pagal Jo nurodymus (Samuelio pirma knyga, 23 skyrius), todėl laimėjo tiek mūšių. Dievas labiau myli tuos savo vaikus, kurie visada pasikliauja Juo ir teiraujasi Jo nurodymų. Tačiau jei vadiname Dievą „tėvu", bet pasitikime pasauliu ir savo žiniomis labiau negu Dievu, Jis negali mums padėti.

Kuo giliau pažįstame tiesą, tuo dažniau kreipiamės į Dievą, ir Viešpats mus pagiria. Visuose reikaluose visų pirma turime ieškoti Dievo išminties ir laukti Jo atsakymo bei vedimo.

7) Pakluskite Dievo žodžiui

Dievas įsakė mums: „Švęsk šabo dieną," todėl sekmadieniais turime eiti į bažnyčią, šlovinti Dievą, bendrauti su tikinčiaisiais ir šventai praleisti dieną. Jis liepė mums: „Visuomet džiaukitės, visokiomis aplinkybėmis dėkokite, todėl turime džiaugtis ir dėkoti bet kokioje situacijoje. Žmonės, laikantys širdyje ir vykdantys Jo įsakymus, gauna nuolatinės Dievo artybės palaiminimą. Petras, Jėzaus mokinys, per paklusnumą patyrė neįtikėtiną įvykį. Norėdamas sumokėti šventyklos mokestį, Jėzus tarė Petrui: „Nueik prie ežero, užmesk meškerę, paimk pirmą užkibusią žuvį; ją pražiodęs, rasi staterą. Paimk jį ir atiduok jiems už mane ir už save" (Evangelija pagal Matą 17, 27). Jeigu Petras būtų atsisakęs patikėti Jėzaus žodžiais ir nenuėjęs prie ežero užmesti meškerės, jis nebūtų patyręs šio nuostabaus įvykio. Tačiau Petras pakluso, užmetė meškerę ir patyrė didžią Dievo galią.

Visi tikėjimo darbai, užrašyti Biblijoje, labai panašūs. Dievas veikia pagal žmogaus tikėjimo mastą. Jis neverčia nedidelį tikėjimą turinčio žmogaus paklusti labiau negu šis gali. Iš pradžių Jis suteikia jam galimybę patirti Jo galią, paklūstant mažuose dalykuose, ir taip augina jo dvasinį tikėjimą. Kitą kartą šis žmogus parodys daugiau paklusnumo.

Nukryžiuokite savo aistras ir geismus

Sužinojome, ką turime daryti, kad būtume Dievo pripažinti, pagirti ir teisūs. Kai nukryžiuojame savo kūno aistras ir geismus, Dievas pripažįsta mus teisiaisiais ir pagiria. Bet kodėl aistros ir geismai laikomi nuodėmėmis? Laiške galatams 5, 24 parašyta: „Kurie yra Kristaus Jėzaus, tie nukryžiavo savo kūnus su aistromis ir geismais." Turime ryžtingai atmesti aistras ir geismus.

Aistra yra širdies atidavimas ir priėmimas. Tai artumas asmens, kurį pažįsti ir su kuriuo ugdai santykius. Aistros įsiliepsnoja ne tik tarp įsimylėjėlių, bet ir šeimos narių, draugų ir kaimynų.

Tačiau pasidavę šioms aistroms galime greitai tapti šališki ir siaurapročiai. Pavyzdžiui, dauguma žmonių, neatleidžiantys kaimynui mažos klaidos, būna daug atlaidesni ir suprantantys, kai jų vaikai padaro tą pačią klaidą. Šios kūno aistros nepadeda tautai, šeimai ir žmogui pasiekti tikro teisumo.

Tas pats ir su geismais. Net Dovydas, Dievo labai mylimas, padarė sunkią nuodėmę, nužudė nekaltą Batšebos vyrą, slėpdamas savo svetimavimą su ja. Kūno aistros ir geismai gimdo nuodėmę, vedančią į mirtį. Padaręs nuodėmę nusidėjėlis tikrai susilauks atpildo.

Jozuės knyga septintame skyriuje pasakoja apie tragiškas pasekmes, kurias sukėlė vieno vyro pasidavimas kūno geiduliui. Išėjus iš Egipto, Kanaano krašto užkariavimo metu izraelitai perėjo Jordano upę ir didingai užėmė Jericho miestą. Tačiau paskui jie pralaimėjo mūšį dėl Ajo miesto. Ieškodami pralaimėjimo priežasties izraelitai išsiaiškino, kad vyras vardu Achanas užsidegė geismu ir pasislėpė gražią skraistę, aukso ir sidabro, kurie buvo paimti iš Jericho. Dievas įsakė izraelitams nieko neimti sau iš Jericho, bet Achanas nepaklausė.

Achano nuodėmė užtraukė kančias visai tautai, galiausiai Achanas ir jo vaikai buvo užmušti akmenimis. Kaip nedidelis raugo kiekis įraugina visą tešlą, taip Achanas vienas galėjo sužlugdyti visą Izraelio tautą. Štai kodėl Dievas taip griežtai su juo pasielgė. Kaip Dievas galėjo pasmerkti mirčiai žmogų už skraistės ir kelių aukso bei sidabro gabalų vagystę? Tam buvo rimta priežastis.

Jeigu žemdirbys, apsėtame lauke pamatęs kelias išdygusias piktžoles pasakytų: „Nieko baisaus, tik kelios žolelės..." ir nieko nedarytų, piktžolės greitai išplistų ir nustelbtų javus. Žemdirbys nesulauktų jokio derliaus. Aistros ir geismai kaip piktžolės, jos tampa kliūtimi kelyje į dangų ir Dievo atsakytas maldas. Jos sukelia skausmingą ir tuščią blaškymąsi, neatnešantį nieko gero. Todėl Dievas ragina mus nukryžiuoti jas.

Kita vertus, Asa, trečiasis pietinės karalystės, Judo, karalius griežtai atmetė savo aistras ir geismus, todėl patiko Dievui (Karalių pirma knyga, 15 skyrius). Kaip jo protėvis Dovydas, Asa darė, kas teisu Dievo akyse, ir sunaikino visus stabus savo karalystėje. Kai jo motina Maaka pastatė Ašeros stabą, jis pašalino ją iš motinos karalienės vietos, o stabą sudegino prie Kidrono upelio.

Galite pagalvoti, kad Asa nuėjo per toli, pašalindamas savo motiną iš karalienės vietos už stabo garbinimą, ir buvo negeras sūnus. Tačiau Asa taip pasielgė todėl, kad jau daug kartų buvo prašęs motinos liautis garbinti stabus. Tačiau ji neklausė. Žvelgiant į šią situaciją dvasinėmis akimis ir įvertinant Maakos pareigas, jos stabmeldystė buvo kaip visos tautos stabmeldystė. Tai grėsė Dievo rūstybe visai tautai. Todėl Dievas džiaugėsi Asos ryžtingumu ir kūno aistros motinai atmetimu. Jis pripažino šį poelgį teisingu, daugybei žmonių užkertančiu kelią nusidėti prieš Dievą.

Tai nereiškia, kad Asa išsižadėjo savo motinos. Jis tik pašalino ją iš motinos karalienės vietos, bet toliau ją mylėjo, gerbė ir tarnavo jai. Lygiai taip pat, jeigu jūs turite tėvus, garbinančius netikrus dievus ar stabus, turite padaryti viską, ką galite, kad paliestumėte jų širdis, atlikdami vaiko pareigą. Retkarčiais pasidalinkite su jais evangelija, prašydami Dievo išminties, ir paraginkite atsikratyti stabų. Tuomet Dievas džiaugsis jumis.

Patriarchų teisumas prieš Dievą

Dievas vertina visišką paklusnumą. Taip pat Jis parodo savo galią tiems, kurie visiškai paklūsta Jam. Paklusnumas, kurį Dievas pripažįsta, yra Jo klausymas, kai atrodo neįmanoma paklusti. Karalių antros knygos penktas skyrius pasakoja apie Aramo kariuomenės vadą Naamaną.

Generolas Naamanas nuvyko į kaimyninę šalį pas pranašą Eliziejų, tikėdamasis išgydymo nuo raupsų. Jis atgabeno daug dovanų ir net karaliaus laišką! Tačiau Eliziejus net nepasisveikino su juo, tik nusiuntė pasiuntinį pasakyti, kad jis nusimaudytų Jordano upėje septynis kartus. Naamanas įsižeidė ir norėjo grįžti namo, bet tarnų įtikintas įveikė savo išdidumą ir paklausė. Jis pasinėrė Jordane septynis kartus. Antram po karaliaus Aramo žmogui turėjo būti labai sunku įveikti savo puikybę ir paklusti etiketo nepaisančiam Eliziejui.

Eliziejus taip pasielgė todėl, kad žinojo, jog Dievas išgydys Naamaną, šiam parodžius tikėjimą paklusnumu. Dievas, kuriam paklusnumas patinka labiau negu auka, apsidžiaugė Naamano tikėjimu ir visiškai išgydė jį nuo raupsų. Dievas labai vertina paklusnumą ir džiaugiasi žmonių teisumu.

Dievas labai džiaugiasi tikėjimu tų žmonių, kurie neieško sau naudos ir nesitaiko prie šio pasaulio. Pradžios knygos 23-ame skyriuje, kai Abraomas norėjo palaidoti Sarą Machpelos oloje, savininkas norėjo veltui atiduoti tą žemę Abraomui, bet šis nepriėmė dovanos. Abraomas neieškojo sau naudos, todėl norėjo sumokėti visą žemės kainą.

Kai Sodoma buvo nugalėta kare, o Abraomo sūnėnas Lotas paimtas į nelaisvę, Abraomas išgelbėjo ne tik savo sūnėną, bet ir kitus suimtus Sodomos gyventojus bei jų turtą. Kai Sodomos karalius bandė atsilyginti Abraomui už šį žygdarbį, šis atsisakė. Jis nepriėmė jokios dovanos. Abraomo širdis buvo teisi, jis neturėjo godumo ir troškimo gauti tai, kas jam nepriklausė.

Danieliaus knyga šeštame skyriuje pasakoja, kaip Danielius, puikiai žinodamas, kad bus nužudytas už meldimąsi Dievui pagal sąmokslininkų planą. Tačiau jis saugojo savo teisumą prieš Dievą ir nenustojo melstis. Jis nesudvejojo nė akimirkai ir negalvojo apie savo gyvybės išsaugojimą. Danielius už savo elgesį buvo įmestas į liūtų duobę, bet nenukentėjo, buvo visiškai saugus. Jis liudijo gyvąjį Dievą ir garbino Jį.

Juozapas, net neteisingai apkaltintas ir be pagrindo uždarytas į kalėjimą, nesiskundė ir niekam nejautė apmaudo (Pradžios knyga, 39 skyrius). Jis saugojo savo širdies tyrumą, atmetė netiesą ir ėjo teisumo keliu. Dievo skirtu laiku ir būdu jis buvo išlaisvintas iš kalėjimo ir pasiekė garbingas Egipto ministro pirmininko pareigas.

Turime tarnauti Dievui ir tapti teisūs prieš Dievą, darydami tai, ko Jis reikalauja. Taip pat turime patikti Dievui, darydami darbus, už kuriuos Viešpats mus pagirs. Kai taip elgsimės, Dievas mus išaukštins, suteiks mums, ko trokšta širdis, ir ves į klestintį gyvenimą.

Paaiškinimai

Skirtumas tarp „Abromo" ir „Abraomo"

„Abromas" buvo pirmasis Abraomo, tikėjimo tėvo, vardas (Pradžios knyga 11, 26).

Dievas davė Abromui vardą „Abraomas", kuris reiškia „daugelio tautų tėvas", sudaręs palaiminimo sandorą su juo (Pradžios knyga 17, 5). Šia sandora jis tapo tikėjimo tėvu, palaiminimo šaltiniu. Abraomas buvo vadinamas „Dievo draugu".

Saikas geras, prikimštas, sukratytas ir su kaupu bei trisdešimteriopas, šešiasdešimteriopas ir šimteriopas palaiminimai

Mes gauname palaiminimus iš Dievo pagal mūsų pasitikėjimo Juo ir Jo žodžio vykdymo savo gyvenime mastą. Nors galime būti dar neatsikratę visų nuodėmingos prigimties pavidalų savo širdyje, kai sėjame ir ieškome su tikėjimu, gauname prikimštą ir sukratytą palaiminimų saiką su kaupu, virš dviejų kartų daugiau negu pasėjome (Evangelija pagal Luką 6, 38). Tačiau tapę pašventintais dvasiniais žmonėmis, iki kraujo grumdamiesi su nuodėmėmis, kad visiškai jas atmestume, pjauname trisdešimteriopą palaiminimą. Jeigu ir toliau dvasiškai tobulėjame, pjauname šešiasdešimteriopą ar net šimteriopą palaiminimą.

10 skyrius

Palaiminimas

„VIEŠPATS tarė Abromui: 'Eik iš savo gimtojo krašto, savo tėvo namų, į kraštą, kurį tau parodysiu. Padarysiu iš tavęs didelę tautą ir palaiminsiu tave; išaukštinsiu tavo vardą, ir tu būsi palaiminimas. Laiminsiu tave laiminančius ir keiksiu tave keikiančius; visos žemės gentys ras tavyje palaiminimą.' Abromas išėjo, kaip VIEŠPATS jam buvo liepęs, ir Lotas ėjo drauge su juo. Abromas buvo septyniasdešimt penkerių metų, kai paliko Haraną."
(Pradžios knyga 12, 1-4)

Dievas nori laiminti žmones. Dievas gali išsirinkti laiminimui kokį nors žmogų, tačiau būna atvejų, kai pats žmogus apsisprendžia įžengti į Dievo palaiminimų teritoriją. Kartais žmonės savo valia įžengia į Dievo palaiminimų pasaulį, bet paskui jį palieka. Dar kiti neturi nieko bendro su palaiminimais. Pirmiausia pažvelkime į žmones, Dievo išsirinktus laiminimui.

Abraomas, tikėjimo tėvas

Dievas yra pirmasis ir paskutinysis, pradžia ir pabaiga. Jis sukūrė ir valdo žmonijos istorijos tėkmę. Pavyzdžiui, kai statome namą, sukuriame projektą ir apskaičiuojame, kiek laiko truks statyba, kokias medžiagas naudosime, kiek prireiks plieno, betono ir stulpų pamatams. Jeigu palygintume žmonijos istoriją su Dievo namu, keli ypatingi žmonės būtų Dievo namo „stulpai".

Įgyvendindamas savo apvaizdos planą, Dievas išsirenka konkrečius žmones, kad šie pasakytų kitiems, jog Dievas tikrai yra gyvasis Dievas, ir dangus bei pragaras tikrai yra. Šie žmonės yra kaip Dievo namo pamatų stulpai. Jie labai skiriasi nuo paprastų žmonių savo širdimi ir meile Dievui. Vienas iš šių Dievo žmonių yra Abraomas.

Jis gyveno maždaug prieš keturis tūkstančius metų. Abraomas gimė chaldėjų Ūre. Ūras buvo senovės šumerų miestas vakariniame Eufrato upės krante, Mesopotamijos civilizacijos lopšyje.

Abraomas buvo Dievo taip mylimas ir pripažintas, kad jį vadino „Dievo draugu". Jis džiaugėsi visokiausiais palaiminimais iš Dievo, įskaitant palikuonis, turtą, sveikatą ir ilgą gyvenimą. Be to, Dievas pasakė: „Argi aš slėpsiu nuo Abraomo, ką žadu tuojau daryti?" (Pradžios knyga 18, 17). Dievas apreiškė Abraomui net ateities įvykius.

Dievas laiko tikėjimą teisumu ir suteikia palaiminimus

Kaip manote, kokia Abraomo savybė taip patiko Dievui, kad Jis apipylė jį tokiais gausiais palaiminimais? Pradžios knyga 15, 6 sako: „Jis patikėjo VIEŠPAČIU, ir tai jam VIEŠPATS įskaitė teisumu." Dievas įskaitė Abraomo tikėjimą teisumu.

Dievas tarė jam: „Eik iš savo gimtojo krašto, savo tėvo namų, į kraštą, kurį tau parodysiu. Padarysiu iš tavęs didelę tautą ir palaiminsiu tave; išaukštinsiu tavo vardą, ir tu būsi palaiminimas" (Pradžios knyga 12, 1-2). Dievas nepasakė jam, kur konkrečiai eiti, ir nepaaiškino, koks tai kraštas. Dievas nedavė aiškaus plano, kaip jam gyventi, išėjus iš tėvynės. Jis tiesiog pasakė jam išeiti iš gimtojo krašto.

Kas būtų buvę, jeigu Abraomas būtų turėjęs kūno rūpesčių? Akivaizdu, kad palikęs tėvo namus, jis taps klajokliu. Tikriausiai daug kas juoksis iš jo. Jeigu Abraomas būtų taip galvojęs, nebūtų galėjęs paklusti Dievui. Tačiau Abraomas niekada nesuabejojo Dievo duotu palaiminimų pažadu. Jis tiesiog tikėjo į Dievą, todėl besąlygiškai pakluso ir išėjo. Dievas puikiai žinojo, koks garbingas indas buvo Abraomas, ir todėl pažadėjo, kad iš jo kils didinga tauta. Dievas taip pat pažadėjo, kad jis bus palaiminimas.

Dievas davė dar vieną pažadą Abraomui Pradžios knygoje 12, 3: „Laiminsiu tave laiminančius ir keiksiu tave keikiančius; visos žemės gentys ras tavyje palaiminimą." Paskui, kai Abraomas atsisakė pirmumo teisės savo sūnėno Loto naudai, Dievas dar kartą ištarė jam didingo palaiminimo žodžius. Pradžios knygoje 13, 14-16 parašyta: „Dabar pakelk akis ir pasižiūrėk iš tos vietos, kurioje stovi, į šiaurę ir į pietus, į rytus ir į vakarus, nes visą kraštą, kurį matai, amžinai atiduosiu tau ir tavo palikuonims. Padarysiu tavo palikuonis gausius tarsi žemės dulkės. Jei kas galėtų suskaityti žemės dulkes, tai ir tavo palikuonys galėtų būti suskaityti." Dievas taip pat davė jam pažadą Pradžios knygoje 15, 4-5: „'Tavo paveldėtojas gims iš tavęs paties.' Išvedęs jį laukan, tęsė: 'Pažvelk į dangų ir suskaičiuok žvaigždes, jei gali jas suskaičiuoti.' Po to tarė: 'Tokie gausūs bus tavo palikuonys.'"

Davęs Abraomui šias vizijas ir svajones Dievas vedė jį per išmėginimus. Kodėl mums reikia išmėginimų? Tarkime, treneris išsirenka labai talentingą sportininką, galintį atstovauti savo šaliai olimpinėse žaidynėse, bet šis sportininkas automatiškai netaps olimpiniu čempionu. Jis turės labai daug treniruotis ir atiduoti visas jėgas, kad pasiektų savo svajonę.

Tas pats buvo ir su Abraomu. Jis turėjo įgyti ir išsiugdyti savybes, būtinas Dievo pažado išsipildymui, ištverdamas išmėginimus. Šiuose išbandymuose Abraomas sakė Dievui tik „Amen" ir nesileido į kūniškas mintis. Jis neieškojo sau naudos ir neįsileido į širdį savanaudiškumo, neapykantos, apmaudo, nepasitenkinimo, sielvarto ir pavydo. Jis tiesiog tikėjo Dievo pažadu ir ištvermingai pakluso Jam.

Paskui Dievas davė jam dar vieną pažadą: „Štai mano Sandora su tavimi: tu būsi tautų daugybės protėvis. Daugiau nebebūsi vadinamas Abromu, bet tavo vardas bus Abraomas, nes padariau tave tautų daugybės tėvu. Padarysiu tave be galo vaisingą; iš tavęs padarysiu tautas, iš tavęs kils karaliai" (Pradžios knyga 17, 4-6).

Dievas ruošia tinkamus indus per išmėginimus

Kai kurie žmonės meldžiasi Dievui, svajodami patenkinti savo godumą, ir prašo tokio darbo ar turtų, kurie jiems tik pakenktų. Jeigu meldžiamės, norėdami patenkinti savanaudiškus įgeidžius, nesulauksime atsakymo iš Dievo (Jokūbo laiškas 4, 3).

Turime melstis už svajones ir regėjimus, kylančius iš Dievo. Kai tikime ir vykdome Dievo žodį, Šventoji Dvasia užvaldo mūsų širdį ir veda mus į svajonių išsipildymą. Mes nežinome nė sekundės ateities, bet jeigu paklūstame visą ateitį žinančios Šventosios Dvasios vedimui, patiriame Dievo galią. Atsikratome kūno rūpesčių ir paklūstame Kristui, o Šventoji Dvasia užvaldo ir veda mus.

Jeigu Dievas duoda mums svajonę, turime saugoti ją savo širdyje. Turime nesiskųsti dėl to, kad ji neišsipildo po vienos dienos, mėnesio ar vienerių metų maldų. Dievas, kuris duoda mums svajonių ir vizijų, kartais veda mus per išmėginimus, kad padarytų mus tinkamus indus jo įkvėptų svajonių įgyvendinimui. Išmokę paklusti Dievui per šiuos išbandymus, gauname atsakymus į maldas. Dievo mintys skiriasi nuo žmogaus minčių, todėl turime suprasti, kad išbandymai tęsis, kol neatmesime kūniškų minčių ir neišmoksime su tikėjimu paklusti Dievui. Išmėginimai siunčiami mums tam, kad gautume atsakymus iš Dievo, todėl, užuot vengę jų, turime su dėkingumu juos priimti.

Dievas paruošia išeitį išmėginimuose

Kai būname paklusnūs, Dievas veikia, kad viskas išeitų mums į gera. Jis visada išveda mus iš išmėginimų. Pradžios knyga 12-ame skyriuje pasakoja, kad Abraomui įžengus į Kanaano kraštą, ten kilo badas, todėl jis iškeliavo į Egiptą. Sara buvo labai graži, ir Abraomas bijojo, kad kas nors Egipte įsigeis jos ir nužudys jį. Tais laikais tai buvo reali grėsmė, todėl Abraomas sakė, kad Sara jo sesuo. Iš tiesų Sara buvo jo pusseserė, todėl tai nebuvo melas. Tačiau tuo metu Abraomo tikėjimas buvo dar ne visiškai išugdytas, todėl jis nesikreipė į Dievą, bet pasikliovė savo kūniškomis mintimis.

Sara buvo tokia graži, kad Egipto faraonas pasiėmė ją į savo rūmus. Abraomas manė, kad žmonos vadinimas seserimi buvo geriausia išeitis tose aplinkybėse, bet taip jis neteko savo žmonos. Šis įvykis Abraomui buvo didelė pamoka, ir nuo tos akimirkos jis išmoko viską patikėti Dievui.

Dievas rūsčiai nubaudė faraoną ir jo namiškius dėl Saros, kuri buvo iš karto grąžinta Abraomui. Abraomas, pasikliovęs kūniškomis mintimis, patyrė laikinų sunkumų, bet galiausiai liko nenukentėjęs ir gavo daug materialinės naudos: tarnų, avių, galvijų ir asilų. Laiške romiečiams 8, 28 parašyta: „Be to, žinome, kad viskas išeina į gera mylintiems Dievą, būtent jo valia pašauktiesiems". Dievas paruošia išeitį paklusniems Jam žmonėms ir pasilieka su jais išmėginimuose. Jie gali patirti laikinų sunkumų, bet viską nugali tikėjimu ir būna apipilti palaiminimais.

Tarkime, kad kas nors pragyvena iš dienos atlyginimo. Jeigu jis švenčia Viešpaties dieną, jo šeima tą dieną liks alkana. Tokioje situacijoje tikėjimo žmogus paklus Dievo įsakymui ir švęs Viešpaties dieną, net jeigu teks alkti. Ar jis ir jo šeima liks alkani? Tikrai ne! Kaip Dievas atsiuntė maną izraelitams, taip jis su meile pamaitins ir aprengs paklusniuosius.

Evangelijoje pagal Matą 6, 25 Jėzus sako: „Per daug nesirūpinkite savo gyvybe, ką valgysite, nei savo kūnu, kuo vilkėsite." Paukščiai nei sėja, nei pjauna, nei į kluonus krauna maistą. Lelijos nesidarbuoja ir neverpia. Dievas maitina paukščius ir aprengia laukų gėles. Argi Jis nepasirūpins savo vaikais, kurie paklūsta Jam ir ieško Jo valios?

Dievas palaimina mus išbandymuose

Žmonės, kurie elgėsi pagal Dievo žodį ir išsilaikė teisumo kelyje, net dideliuose sunkumuose patyrė Dievo veikimą, viską pavertusį į gera. Nors kartais aplinkybės atrodė labai sunkios, galų gale jos pavirto palaiminimu.

Kai pietinė Judo karalystė buvo sunaikinta, Danieliaus trys draugai buvo ištremti į Babiloną. Nors jiems grėsė sudeginimas krosnyje, jie nenusilenkė stabams ir nėjo į jokį kompromisą su pasauliu. Jie pasikliovė Dievo galybe ir tikėjo, kad jis gali išgelbėti juos net įmestus į krosnį. Net jeigu ir nebūtų išgelbėti, jie pasiryžo laikytis savo tikėjimo ir nenusilenkti stabams. Toks buvo jų parodytas tikėjimas. Dievo Įstatymas jiems buvo svarbesnis už valstybės įstatymą.

Išgirdęs apie šių jaunuolių nepaklusnumą, karalius įtūžo ir liepė iškūrenti krosnį septynis kartus karščiau negu paprastai. Danieliaus trys surišti draugai buvo įmesti į krosnį. Dievas apsaugojo juos, net jų galvos plaukai neapsvilo, ir joks ugnies kvapas nesklido nuo jų (Danieliaus knyga 3, 13-27).

Danielius buvo toks pat. Kai buvo išleistas įsakymas įmesti į liūtų duobę kiekvieną, kas melsis bet kokiam žmogui ar dievui, išskyrus karalių, Danielius vykdė tik Dievo valią. Jis nepadarė nuodėmės ir nesiliovė meldęsis, atsigręžęs į Jeruzalę, tris kartus per dieną. Galiausiai jį įmetė į liūtų duobę, bet Dievas atsiuntė angelą, kuris užčiaupė liūtų nasrus, ir Danielius nė kiek nenukentėjo.

Kaip džiugu matyti žmones, nenusilenkiančius šiam pasauliui ir išsaugančius savo tikėjimą! Teisieji gyvena tik tikėjimu. Kai patiksite Dievui savo tikėjimu, Jis apdovanos jus palaiminimais. Net jeigu atrodytų, kad jūsų gyvenimas žlunga, jei iki galo parodysite tikėjimą, Dievas išves jus ir visada bus su jumis.

Abraomas taip pat buvo palaimintas išmėginimuose. Ne tik jis, bet ir žmonės, kurie buvo su juo. Šiandien vanduo labai brangus Artimuosiuose Rytuose, kur įsikūrusi Izraelio valstybė. Vanduo ten buvo labai brangus ir Abraomo laikais. Tačiau, kur tik Abraomas ėjo, ten buvo apsčiai ne tik vandens, jis buvo toks palaimintas, kad per jį gausūs palaiminimai lydėjo ir jo sūnėną Lotą, kuris turėjo daug gyvulių, aukso ir sidabro.

Tais laikais daug galvijų reiškė gausų maistą ir turtą. Kai Lotas pateko į nelaisvę, Abraomas pasiėmė 318 savo tarnų ir išgelbėjo jį. Vien tai liudija jo įtakingumą. Tik per Abraomą, uoliai vykdžiusį Dievo žodį, šalis ir regionas, kur jis gyveno, ir žmonės, buvę su juo, buvo palaiminti.

Net kaimyninių šalių karaliai negalėjo nieko padaryti Abraomui, nes jis buvo labai gerbiamas. Abraomas gavo visus palaiminimus šiame gyvenime: garbę, sėkmę, valdžią, sveikatą ir vaikus. Kaip sako Pakartoto Įstatymo knygos 28-as skyrius, Abraomas buvo palaimintas pareidamas ir išeidamas. Taip pat, būdamas ištikimas Dievo vaikas, jis tapo palaiminimų šaltiniu ir tikėjimo tėvu. Dar daugiau, jis suprato Dievo širdies gelmes, todėl Dievas galėjo dalintis savo širdimi su Abraomu ir vadinti jį

„draugu". Tai bent garbė ir palaiminimai!

Abraomo, tapusio garbingu indu, būdo bruožai

Abraomas buvo toks palaimintas todėl, kad tapo „garbingu indu". Jis buvo tikėjimo vyras, turėjęs meilę, aprašytą Pirmame laiške korintiečiams, 13-ame skyriuje, ir subrandinęs devynis Šventosios Dvasios vaisius, išvardintus penktame Laiško galatams skyriuje.

Abraomas visada rodė gerumą ir meilę. Jis neturėjo neapykantos ir priešiškumo kitiems. Jis niekada neatidengė kito silpnybių ir tarnavo visiems žmonėms. Jis turėjo dvasinį džiaugsmo vaisių, todėl nenuliūsdavo ir nesupykdavo jokiuose išmėginimuose. Jis visiškai pasitikėjo Dievu, todėl galėjo visada džiaugtis. Kad ir kokia padėtis būtų, jis niekada nepasidavė jausmams ir nepriėmė šališkų sprendimų. Jis buvo kantrus ir visada klausė Dievo balso.

Abraomas taip pat buvo gailestingas žmogus. Kai jis turėjo išsiskirti su savo sūnėnu Lotu, net būdamas vyresnis, jis leido Lotui pirmam išsirinkti žemę. Jis pasakė: „Jeigu tu eisi kairėn, aš eisiu dešinėn. Jei eisi dešinėn, aš eisiu kairėn." Jis leido Lotui pasirinkti geresnę žemę. Dauguma žmonių mano, kad aukštesnį postą arba rangą turintis žmogus turi pirmumo teisę. Tačiau Abraomas buvo žmogus, kuris nusileidžia, tarnauja ir aukojasi dėl kitų.

Abraomas išsiugdė širdies dvasinį gerumą, todėl užtarė žmones, kai Lotui kartu su kitais Sodomos gyventojais grėsė pražūtis (Pradžios knyga 18, 22-32). Abraomas gavo Dievo pažadą, kad Jis nenaikins miestų, jeigu ten bus bent dešimt teisiųjų. Tačiau Sodomoje ir Gomoroje neatsirado dešimties teisiųjų, ir šie miestai buvo sunaikinti, bet Dievas vis tiek išgelbėjo Lotą dėl Abraomo.

Pradžios knyga 19, 29 sako: „Taigi, naikindamas Lygumos miestus ir sugriaudamas miestus, kuriuose buvo gyvenęs Lotas, Dievas prisiminė Abraomą ir išgelbėjo Lotą iš tikros pražūties." Dievas išgelbėjo Abraomo mylimą sūnėną Lotą, kad Abraomas nenuliūstų.

Abraomas buvo toks ištikimas Dievui, kad ryžosi paaukoti savo vienintelį sūnų Izaoką, kurio susilaukė, būdamas šimto metų amžiaus. Santykiuose su savo sūnumi, tarnais ir kaimynais jis buvo tobulas ir toks ištikimas visuose Dievo namuose, kad galėjo būti laikomas žmogumi be ydų. Jis niekada nekėlė balso, visada buvo taikus ir švelnus. Jis nuoširdžiai tarnavo ir padėjo kitiems. Abraomas visada buvo susivaldantis, niekada nesielgė nederamai ir neperžengė jokių ribų.

Abraomas visiškai subrandino visus devynis Šventosios Dvasios vaisius. Jis taip pat turėjo gerą širdį. Apskritai jis buvo tikrai geras indas. Tačiau tapti palaimintu žmogumi kaip

Abraomas visai nesunku. Turime tiesiog sekti jo pavyzdžiu. Jeigu Visagalis Kūrėjas Dievas yra mūsų Tėvas, ar jis neatsakys į savo vaikų maldas ir prašymus? Tapimo kaip Abraomas procesas visai neturi būti sunkus. Sunkioji dalis yra nepasidavimas savo mintims. Jei visiškai pasikliausime Dievu ir paklusime Jam, Abraomo Dievas pasirūpins mumis ir ves mus palaiminimų keliu!

Paaiškinimai

Teisaus vyro Nojaus paklusnumas ir palaiminimai

„Štai Nojaus palikuonys. Nojus buvo teisus vyras, savo kartoje be dėmės, nes ėjo su Dievu. 10 Nojui gimė trys sūnūs: Semas, Chamas ir Jafetas" (Pradžios knyga 6, 9-10).

Pirmasis žmogus Adomas nepaprastai ilgai gyveno Edeno sode, bet po savo nuodėmės buvo išvarytas gyventi į Žemę. Maždaug po 1000 metų gimė Seto palikuonis Nojus, vyras, pagarbiai bijantis Dievo. Nojus buvo ir Henocho palikuonis, jis mokėsi iš savo tėvo Lamecho ir senelio Metušelacho ir užaugęs tapo teisiu vyru nuodėmingame pasaulyje. Jis norėjo visiškai atsiduoti Dievui, saugojo tyrą širdį ir nevedė, kol nesužinojo, kad Dievas turi ypatingą planą jo gyvenimui. Tuomet, būdamas penkių šimtų metų amžiaus Nojus vedė ir susilaukė vaikų (Pradžios knyga 5, 32).

Nojus žinojo, kad po tvano žmonijos ugdymas prasidės iš naujo per jį. Jis pašventė savo gyvenimą Dievo valios vykdymui. Todėl Dievas ir išsitrinko Nojų, teisų vyrą, kuris visa širdimi pakluso Dievui, statydamas laivą, neieškodamas priežasčių ar galimybių išsisukti.

Nojaus laivo dvasinis simbolizmas

„Statykis laivą iš gofero medžių, padaryk laive pertvaras ir apglaistyk iš vidaus ir iš lauko derva. Šitokį jį padirbsi: laivo ilgis bus trys šimtai uolekčių, plotis penkiasdešimt uolekčių ir aukštis trisdešimt uolekčių. Padaryk stoglangį ir užbaik laivą viena uolektimi viršum jo. Įtaisyk laivo šone angą ir pastatyk laivą su žemutiniu, antru ir trečiu aukštu " (Pradžios knyga 6, 14-16).

Nojaus laivas buvo didžiulis: 138 metrų ilgio, 23 metrų pločio ir 14 metrų aukščio, Jis buvo pastatytas maždaug prieš 4500 metų. Nojaus žinios ir įgūdžiai, paveldėti iš Edeno gyventojų, buvo nepaprasti. Jis pastatė laivą pagal Dievo duotą projektą, todėl Nojus su aštuonių asmenų šeima ir visų rūšių gyvūnais nenuskendo per 40 tvano dienų ir išgyveno laive ilgiau negu vienerius metus.

Laivas dvasiškai simbolizuoja Dievo žodį, o įlipimas į laivą – išgelbėjimą. Trys laivo deniai liudija apie faktą, kad Dievas Trejybė – Tėvas, Sūnus ir Šventoji Dvasia – pabaigs žmonijos ugdymo istoriją.

Ararato kalnas, kur laivas sustojo

Dievo teisingumas ir tvanas

„*Tuomet VIEŠPATS tarė Nojui: 'Eik į laivą su visa savo šeima, nes iš šios kartos tik tave vieną radau teisų savo akivaizdoje'*" *(Pradžios knyga 7, 1).*

„*'Juk už septyneto dienų siųsiu žemėn lietų keturiasdešimt dienų bei keturiasdešimt naktų ir visus gyvūnus, kuriuos padariau, nušluosiu nuo žemės paviršiaus.' Nojus taip ir padarė, kaip Dievas buvo jam įsakęs*" *(Pradžios knyga 7, 4-5).*

Dievas davė žmonėms daug galimybių atgailauti prieš tvaną. Visus daugybę metų, kurių prireikė laivo statybai, Dievo įgaliotas Nojus skelbė žmonėms atgailos žinią, bet tik Nojaus šeima patikėjo ir pakluso Dievui. Įlipti į laivą reiškia palikti ir atmesti viską, kas patiko šiame pasaulyje.

Nors žmonės buvo nuėję per toli ir neatsivertė, Dievas, likus septynioms dienoms iki tvano pradžios, paskutinį kartą įspėjo žmones, kad šie atgailautų ir išvengtų teismo. Jis nenorėjo, kad jie patirtų teismo bausmę. Meilės ir gailestingumo kupina širdimi Dievas laukė žmonių atgailos iki paskutinės akimirkos. Tačiau niekas neatgailavo ir neįlipo į laivą. Iš tiesų jie darė dar daugiau nuodėmių! Galų gale žmonija patyrė teismą – pasaulinį tvaną.

Dėl teismo...

„Dėl teismo, kadangi šio pasaulio
kunigaikštis jau nuteistas."
(Evangelija pagal Joną 16, 11)

„VIEŠPATS teisia tautas; mane, VIEŠPATIE, teisk pagal mano teisumą, atsižvelgdamas į mano nekaltumą." (Psalmynas 7, 9)

„O tu vis dėlto sakai: 'Aš nekalta! Jo pyktis tikrai manęs nepalietė!' Štai ir teisiu tave dėl to, kad sakei: 'Nenusidėjau'." (Jeremijo knyga 2, 35)

„O aš jums sakau: jei kas pyksta ant savo brolio, turi atsakyti teisme. Kas sako savo broliui: 'Pusgalvi!' tas turės stoti prieš aukščiausiojo teismo tarybą. O kas sako: 'Beproti!' tas smerktinas į pragaro ugnį." (Evangelija pagal Matą 5, 22)

„Kurie darė gera, prisikels gyventi, kurie darė bloga, prisikels stoti į teismą." (Evangelija pagal Joną 5, 29)

„Ir kaip žmonėms skirta vieną kartą mirti ir stoti į teismą." (Laiškas hebrajams 9, 27)

„Teismas negailestingas tam, kuris nevykdė gailestingumo. O gailestingumas didžiuojasi prieš teismą." (Jokūbo laiškas 2, 13)

„Ir pamačiau numirusius, didelius ir mažus, stovinčius priešais sostą. Ir buvo atskleistos knygos, buvo atversta dar viena, būtent gyvenimo knyga. Mirusieji buvo teisiami iš užrašų knygose pagal jų darbus." (Apreiškimas Jonui 20, 12)

11 skyrius

Nepaklusnumo Dievui nuodėmė

O žmogui jis tarė: „Kadangi tu paklausei savo žmonos balso ir valgei nuo medžio, apie kurį buvau tau įsakęs: 'Nuo jo nevalgysi!' tebūna už tai prakeikta žemė; triūsu maitinsies iš jos visas savo gyvenimo dienas. Erškėčius ir usnis ji tau želdins, maitinsiesi laukų augalais. Savo veido prakaitu valgysi duoną, kol sugrįši žemėn, nes iš jos buvai paimtas. Juk dulkė esi ir į dulkę sugrįši!
(Pradžios knyga 3, 17-19)

Dauguma žmonių sako, kad gyvenimas sunkus. Biblija teigia, kad gimimas ir gyvenimas šiame pasaulyje yra skausmingas. Elifazas tarė kenčiančiam bičiuliui Jobo knygoje 5, 7: „Iš tikrųjų žmogus gimsta vargti, kaip žiežirbos kilti aukštyn." Mažai turintis žmogus vargsta, kad pragyventų, o daug turintis vargsta dėl kitokių gyvenimo problemų. Žmogus sunkiai dirba, siekdamas savo tikslo ir, kai atrodo, kad šio to pasiekia, ateina gyvenimo saulėlydis. Laikui atėjus, net patys sveikiausi žmonės numiršta. Nė vienas žmogus negali išvengti mirties, todėl gyvenimas yra kaip laikinas rūkas ar debesis. Kodėl žmogus turi susidurti su visokiausiais išmėginimais šiame gyvenime, priverstas suktis kaip voverė rate? Pirmoji ir pagrindinė priežastis yra nepaklusnumo Dievui nuodėmė. Adomo, Sauliaus ir Kaino gyvenimai aiškiai kalba apie nepaklusnumo Dievui pasekmes.

Adomas, pagal Dievo paveikslą sukurtas žmogus

Dievas Kūrėjas sukūrė pirmąjį žmogų Adomą pagal savo paveikslą ir įkvėpė jam į nosį gyvybės alsavimą, ir šis tapo gyva būtybe arba gyva dvasia (Pradžios knyga 2, 7). Dievas užveisė sodą Edeno rytuose ir ten įkurdino žmogų. Paskui Jis tarė: „Nuo visų sodo medžių tau leista valgyti, bet nuo gero bei pikto pažinimo medžio tau neleista valgyti, nes kai tik nuo jo paragausi, turėsi mirti." (Pradžios knyga 2, 16-17).

Matydamas, kad negera Adomui būti vienam, Dievas išėmė vieną iš jo šonkaulių ir padarė Ievą. Dievas juos palaimino ir liepė būti vaisingiems bei dauginti. Taip pat jis leido jiems viešpatauti jūros žuvims, padangių paukščiams ir visiems žemėje judantiems gyvūnams (Pradžios knyga 1, 28). Gavę šį didingą palaiminimą iš Dievo, Adomas ir Ieva turėjo apsčiai maisto, daug palikuonių ir klestintį gyvenimą. Pradžioje, visai kaip naujagimis, Adomas neturėjo nieko įrašyto jo atmintyje. Jis buvo visiškai tuščias. Tačiau Dievas vaikščiojo su Adomu ir mokė jį daugybės dalykų, kad šis galėtų gyventi, būdamas visų kūrinių viešpačiu. Dievas mokė Adomą apie save, visatą ir dvasinius dėsnius. Dievas mokė Adomą gyventi, būnant dvasiniu žmogumi. Jis mokė jį gero ir pikto pažinimo. Daug metų Adomas klausė Dievo ir labai, labai ilgai gyveno Edeno sode.

Adomas valgė uždrausto vaisiaus

Vieną dieną priešas velnias ir šėtonas, oro valdovas, sukurstė žaltį, kuris buvo gudriausias iš laukinių gyvūnų, ir gundė Ievą per jį. Žaltys, šėtono sukurstytas, žinojo, kad Dievas liepė žmogui nevalgyti nuo medžio Edeno sodo viduryje. Tačiau, gundydamas Ievą, žaltys paklausė: „Ar tikrai Dievas sakė: 'Nevalgykite nuo jokio medžio sode!'?" (Pradžios knyga 3, 1) Ką Ieva atsakė į šį klausimą? Ji tarė: „Sodo medžių vaisius mes galime valgyti. Tik apie vaisių to medžio, kuris sodo viduryje, Dievas sakė: 'Nuo jo nevalgysite nei jį liesite, kad nemirtumėte!'" (Pradžios knyga 3, 2-3). Dievas pasakė: „Kai tik nuo jo paragausi, turėsi mirti" (Pradžios knyga 2, 17). Kodėl Ieva pakeitė Dievo žodžius į „kad nemirtumėte"? „Kad" turi abejonės atspalvį, Ievos žodžiuose nebuvo absoliutumo. „Kad nemirtumėte" ir „turėsi mirti" reiškia ne tą patį. Ji neįsidėjo Dievo žodžių į savo širdį. Jos atsakymas rodo, kad ji neturėjo absoliutaus tikėjimo faktu, kad turės mirti.

Gudrusis žaltys pasinaudojo šia proga ir melagingai pareiškė:

„Jūs tikrai nemirsite! Ne! Dievas gerai žino, kad atsivers jums akys, kai tik jo užvalgysite, ir būsite kaip Dievas, žinantis, kas gera ir kas pikta." (Pradžios knyga 3, 4-5). Žaltys ne tik melavo, bet ir pripildė Ievą godumo! Žaltys įbruko godumą į Ievos mintis, todėl gero ir pikto pažinimo medis, kurio Ieva niekada negalvojo net paliesti ar artintis prie jo, pradėjo atrodyti patrauklus ir tinkamas maistui. Atrodė, kad jis suteiks išminties! Galiausiai Ieva valgė uždrausto vaisiaus ir davė jo savo vyrui.

Adomo nepaklusnumo Dievui nuodėmės padariniai

Taip Adomas, žmonijos pradininkas, nepakluso Dievo įsakymui. Adomas ir Ieva neįsidėjo Dievo žodžio į širdį, todėl pasidavė priešo velnio bei šėtono gundymui ir nepakluso Dievo įsakymui. Kaip Dievas ir pasakė, Adomas ir Ieva turėjo mirti.

Tačiau Biblijoje parašyta, kad jie mirė ne iš karto. Jie gyveno dar daug metų ir turėjo daug vaikų. Kai Dievas pasakė: „Turėsi mirti," Jis kalbėjo ne tik apie fizinę mirtį, kai žmogus nustoja kvėpuoti, bet ir apie esminę mirtį – dvasios mirtį. Žmogus buvo sukurtas su dvasia, turinčia ryšį su Dievu, dvasios valdoma siela ir kūnu, dvasios ir sielos palapine (Pirmas laiškas tesalonikiečiams 5, 23). Kai žmogus sulaužė Dievo įsakymą, jo dvasia, žmogaus valdovė, numirė.

Kai žmogaus dvasia numirė dėl nepaklusnumo Dievui nuodėmės, jo ryšys su Dievu nutrūko, žmogus nebegalėjo gyventi Edeno sode. Nusidėjėlis negali būti Dievo artybėje. Nuo tada prasidėjo žmonijos sunkumai. Gimdymo skausmai moteriai buvo labai padidinti, ji turėjo gimdyti skausme, geidė savo vyro, o šis ją valdė. Vyras turėjo triūsu maitintis visas savo gyvenimo dienas iš žemės, kuri buvo prakeikta dėl jo (Pradžios knyga 3, 16-17). Visa kūrinija buvo prakeikta ir turėjo kentėti kartu su Adomu. Be to, visi Adomo palikuonys gimė, būdami nusidėjėliais ir ėjo mirties keliu.

Kodėl Dievas pasodino gero ir pikto pažinimo medį

Kas nors gali paklausti: „Ar Visagalis Dievas nežinojo, kad Adomas ketina valgyti uždraustą vaisių? Kodėl jis pasodino tą medį Edeno sode ir leido Adomui nepaklusti? Ar uždrausto vaisiaus nebuvimas nebūtų užkirtęs kelio Adomo nuodėmei?" Jeigu nebūtų uždrausto medžio, ar Adomas ir Ieva būtų patyrę dėkingumą, džiaugsmą, laimę ir meilę? Dievo tikslas, sodinant uždraustą vaismedį Edeno sode, nebuvo mūsų stūmimas į mirties kelią. Dievas norėjo išmokyti mus reliatyvumo.

Viskas Edeno sode yra tiesoje, todėl žmonės ten nežinojo, kas yra netiesa. Pikto ten nebuvo, todėl žmonės nežinojo, kas yra neapykanta, ligos ir mirtis. Žmonės negalėjo suprasti, kad tai, ką jie patiria, yra tikroji laimė. Jie niekada nebuvo patyrę liūdesio, todėl nežinojo, kas yra tikra laimė ir liūdesys. To dėl gero ir pikto pažinimo medis buvo būtinas.

Dievas norėjo turėti ištikimų vaikų, kurie supranta, kas yra tikra meilė ir laimė. Jeigu pirmasis žmogus Adomas būtų žinojęs, kas yra tikra laimė, gyvendamas Edeno sode, kaip jis būtų galėjęs nepaklusti Dievui? Todėl Dievas pasodino pažinimo medį ir ugdo žmoniją šioje žemėje, kad ši suprastų reliatyvumą. Šiame ugdymo procese žmogus patiria triumfo ir žlugimo, gėrio ir blogio reliatyvumą. Tik pažinęs tiesą per šį procesą žmogus gali suprati ir mylėti Dievą iš širdies gelmių.

Kelias į laisvę iš nuodėmės užtraukto prakeikimo

Gyvendamas Edeno sode Adomas klausė Dievo ir mokėsi iš Jo gerumo. Tačiau po Adomo maišto jo palikuonys tapo priešo velnio vergais, vis nedoresniais iš kartos į kartą. Kuo daugiau laiko praėjo, tuo nedoresnė tapo žmonija. Žmonės gimė ne tik su iš tėvų paveldėtu nuodėmingumu, bet ir sugalvojo vis daugiau nuodėmių per tai, ką matė ir girdėjo. Dievas žinojo, kad Adomas paragaus uždrausto vaisiaus ir visas pasaulis paskęs nuodėmėse, o žmonija pasuks į mirties kelią. Todėl prieš amžių pradžią Jis paruošė Gelbėtoją, Jėzų Kristų. Laikui atėjus, Jis atsiuntė Jėzų į šį pasaulį.

Mokydamas žmones Dievo valios, Jėzus skelbė dangaus karalystės evangeliją ir darė ženklus bei stebuklus. Paskui Jis numirė ant kryžiaus ir praliejo savo šventą kraują, sumokėdamas kainą už visos žmonijos nuodėmes. Todėl kiekvienas, kuris priima Jėzų Kristų, gauna Šventosios Dvasios dovaną. Išganymo kelias atvertas tiems, kas atmeta netiesą ir gyvena tiesoje, Šventosios Dvasios vedami. Žmonės atgauna prarastą Dievo paveikslą, jeigu pagarbiai bijo Dievo ir laikosi Jo įsakymų (Mokytojo knyga 12, 13). Jie džiaugiasi visais Dievo jiems paruoštais palaiminimais ir ne tik turtu bei sveikata, bet ir amžinuoju gyvenimu bei amžinaisiais palaiminimais. Kai ateiname į Šviesą, išsivaduojame iš nuodėmės prakeikimo žabangų. Ramybė ateina į širdį po atgailos ir išpažinties, atmetus nuodėmes ir pasiryžus gyventi pagal Dievo žodį! Kai tikime Dievo žodžiu ir priimame maldą, išsilaisviname iš ligų, sunkumų, išmėginimų ir vargų. Dievas džiaugiasi savo vaikais, kurie priima Jėzų Kristų ir gyvena teisume. Jis išlaisvina juos iš visų prakeikimų.

Nepaklusnumo Dievui nuodėmės vaisiai Sauliaus gyvenime

Saulius tapo pirmuoju karaliumi izraelitų prašymu. Jis buvo kilęs iš Benjamino giminės, ir nebuvo dailesnio ir geresnio už jį vyro Izraelyje. Tuo metu, kai Saulius buvo pateptas karaliumi, jis buvo labai kuklus vyras, kuris laikė save mažesniu už kitus. Tačiau tapęs karaliumi Saulius po truputį pradėjo nepaisyti Dievo įsakymų. Jis ėmėsi vyriausiojo kunigo pareigų ir kvailai elgėsi (Samuelio pirma knyga 13, 8-13), galiausiai padarydamas nepaklusnumo Dievui nuodėmę.

Samuelio pirmos knygos 15-ame skyriuje Dievas įsakė Sauliui visiškai sunaikinti amalekiečius, bet šis nepakluso. Priežastis, dėl kurios Dievas liepė Sauliui sunaikinti amalekiečius, užrašyta

Išėjimo knygos 17-ame skyriuje. Kai izraelitai keliavo į Kanaano žemę po išėjimo iš Egipto, amalekiečių kariuomenė užpuolė juos. Dėl šios priežasties Dievas pažadėjo visiškai išnaikinti po dangumi Amaleko atminimą (Išėjimo knyga 17, 14) ir planavo ištesėti savo pažadą po kelių šimtų metų, Sauliaus laikais. Per pranašą Samuelį Dievas įsakė: „Dabar eik, pulk jį ir skirk sunaikinti visa, kas jam priklauso. Nesigailėk nė vieno, užmušk vyrus ir moteris, vaikus ir kūdikius, jaučius ir avis, kupranugarius ir asilus" (Samuelio pirma knyga 15, 3).

Tačiau Saulius nepakluso Dievui. Jis paėmė į nelaisvę karalių Agagą ir parsivarė geriausius galvijus, avis, peniukšlius ir avinėlius bei parsigabeno viską, kas buvo vertinga. Jis norėjo parodyti grobį tautai ir susilaukti pagyrų. Saulius darė tai, kas jam atrodė teisinga, bet nepakluso Dievui. Pranašas Samuelis įspėjo Saulių, bet šis neatgailavo, tik teisinosi (Samuelio pirma knyga 15, 17-21). Saulius pasakė, kad parsiginė rinktinius gyvulius paaukoti Dievui.

Ką Dievas pasakė apie šią nepaklusnumo nuodėmę? Samuelio pirma knyga 15, 22-23 sako: „Tikrai klusnumas geriau už kruviną auką, ir atsidavimas už avinų taukus. Juk nepaklusnumas ne mažesnė nuodėmė už būrimą, o pasikliovimas savimi tarsi stabmeldystės blogis." Nepaklusnumas yra kaip būrimo ir stabmeldystės nuodėmės. Būrimas yra sunki nuodėmė, užtraukianti Dievo teismą, o stabmeldystė kelia Dievui pasibjaurėjimą.

Galų gale Samuelis griežtai įspėjo Saulių: „Už tai, kad atmetei VIEŠPATIES žodį, jis atmetė tave nuo karaliavimo" (Samuelio pirma knyga 15, 23). Bet Saulius, užuot atgailavęs, norėjo išsaugoti gerą įvaizdį ir prašė Samuelio pagerbti jį prieš žmones (Samuelio pirma knyga 15, 30). Kas gali būti baisiau už tapimą Dievo atmestuoju? Tas pats gali atsitikti ir mums. Jeigu nepaklūstame Dievo žodžiui, neišvengsime šios nuodėmės pasekmių. Tas pats būna ir valstybėse bei šeimose.

Pavyzdžiui, jeigu tarnas nepaklūsta karaliui ir vadovaujasi savo nuomone, jis turi sumokėti už savo nuodėmę. Jeigu šeimoje vaikas neklauso tėvų ir nueina klystkeliais, kaip jaučiasi tėvai? Nepaklusnumas sugriauna ramybę, todėl jį lydi skausmas ir kančios. Sauliaus nepaklusnumo Dievui pasekmės buvo garbės ir valdžios netekimas, piktosios dvasios kankino jį, ir galų gale jis apgailėtinai žuvo mūšio lauke.

Kaino nepaklusnumo Dievui pasekmės

Pradžios knyga ketvirtame skyriuje pasakoja apie du Adomo sūnus, Kainą ir Abelį. Kainas buvo žemdirbys, o Abelis aviganis. Vieną dieną Kainas aukojo Dievui žemės derliaus atnašą, o Abelis savo kaimenės rinktinius ėriukus. Dievas maloniai pažvelgė į Abelį ir jo atnašą, o į Kainą ir jo atnašą net nepažvelgė.

Kai Adomas buvo išvarytas iš Edeno sodo, Dievas liepė jam aukoti gyvulių kraują, kad šis gautų nuodėmių atleidimą (Laiškas hebrajams 9, 22). Adomas mokė savo sūnus aukoti kruvinąsias aukas, ir Kainas su Abeliu puikiai žinojo, kokios aukos Dievas norėjo. Abelis turėjo gerą širdį, todėl paklusniai darė tai, ko buvo išmokytas ir aukojo Dievui patinkančias atnašas. Kita vertus, Kainas aukojo atnašą, vadovaudamasis savo protu, kaip kam buvo patogiau. Todėl Dievas priėmė Abelio auką, bet nepriėmė Kaino aukos.

Tas pats ir šiandien. Dievui patinka, kai garbiname jį visa širdimi ir visu protu, o svarbiausia – dvasia ir tiesa. Jeigu garbiname Jį, kaip mums šauna į galvą, ir gyvename nekrikščioniškai, tikėdamiesi sau naudos, mes neturime nieko bendro su Dievu.

Pradžios knygoje 4, 7, Dievas sako Kainui: „Jei gera darai, argi nebūsi pripažintas? Bet jei gera nedarai, prie durų iš pasalų tykoja nuodėmė." Dievas stengėsi įspėti Kainą, kad šis nedarytų nuodėmės, bet Kainas neįveikė nuodėmės ir galų gale nužudė savo brolį.

Jeigu Kainas būtų turėjęs gerą širdį, būtų palikęs savo kelius ir kartu su broliu aukojęs Dievui patinkančias atnašas. Tačiau jis buvo nedoras ir elgėsi prieš Dievo valią. Tai pagimdė pavydą ir žmogžudystę, kūno darbus, ir baigėsi Kaino teismu bei prakeikimu: „Todėl būk prakeiktas toli nuo žemės, kuri atvėrė savo burną priimti tavo brolio kraują iš tavo rankos. Kai dirbsi žemę, ji nebeduos tau daugiau savo derliaus. Tu būsi bėglys ir klajūnas žemėje." Nuo to laiko Kainas tapo klajokliu (Pradžios knyga 4, 11-12).

Sužinojome iš pirmojo žmogaus Adomo, karaliaus Sauliaus ir Kaino gyvenimų, kokia sunki nuodėmė yra nepaklusnumas Dievui, ir kokius sunkius išmėginimus bei vargus jis užtraukia. Jeigu tikintysis žino Dievo žodį, bet nevykdo jo, jis nepaklūsta Dievui. Jeigu tikintysis neklesti visose gyvenimo srityse, tai reiškia, kad vienaip ar kitaip jis nusideda Dievui.

Todėl turime nugriauti nuodėmės sieną atskiriančią mus nuo Dievo. Dievas atsiuntė Jėzų Kristų ir tiesos žodį į šį pasaulį, kad padovanotų tikrąjį gyvenimą žmonijai, kenčiančiai dėl savo nuodėmių. Jeigu negyvename pagal tiesos žodį, mūsų laukia mirtis.

Mes turime gyventi pagal Viešpaties mokymą, vedantį į išgelbėjimą, amžinąjį gyvenimą, išklausytas maldas ir palaiminimus. Turime nedaryti nepaklusnumo nuodėmės, nuolat tirdami save, ar nenusidėjome, atgailaudami ir paklusdami Dievo žodžiui, kad tikai būtume išgelbėti.

12 skyrius

„Nušluosiu nuo žemės paviršiaus žmones"

„VIEŠPATS matė, koks didelis buvo žmonių nedorumas žemėje ir kaip kiekvienas užmojis, sumanytas jų širdyse, linko visą laiką tik į pikta. Ir VIEŠPATS gailėjosi sukūręs žmogų žemėje, ir jam gėlė širdį. VIEŠPATS tarė: 'Nušluosiu nuo žemės paviršiaus žmones, kuriuos sukūriau, žmones drauge su gyvuliais, ropliais ir padangių paukščiais, nes gailiuosi juos padaręs.' Bet Nojus rado malonę Dievo akyse. Nojus buvo teisus vyras, savo kartoje be dėmės, nes ėjo su Dievu."
(Pradžios knyga 6, 5-9)

Biblijoje parašyta, kad Nojaus laikais žmonių nuodėmės buvo labai didelės. Dievas taip gailėjosi sukūręs žmogų, kad nutarė nušluoti nuo žemės paviršiaus žmones, nuteisdamas juos tvanu. Dievas sukūrė žmogų, vaikščiojo su juo ir gausiai išliejo jam savo meilę, tad kodėl Jis turėjo taip rūsčiai nuteisti žmoniją?

Ištirkime Dievo teismo priežastis, kaip jo išvengti ir gauti Dievo palaiminimus.

Skirtumas tarp nedorėlio ir gero žmogaus

Bendraudami su žmonėmis, susidarome nuomonę apie juos. Kartais jaučiame, ar jie blogi, ar geri. Dažniausiai žmonės, užaugę geroje aplinkoje ir tinkamai išauklėti, turi malonų būdą ir gerą širdį. Priešingai, blogoje aplinkoje užaugę žmonės, matę ir patyrę daug blogio, tolinančio nuo tiesos, dažnai būna sukto būdo ir linkę tapti piktadariais. Žinoma, kartais ir geroje aplinkoje užaugusieji nueina klystkeliais, o nepalankioje aplinkoje auginti tampa geros širdies žmonėmis. Tačiau kiek žmonių užauga geroje aplinkoje, gauna gerą išsilavinimą ir dar stengiasi būti gerais žmonėmis?

Gerų žmonių pavyzdžiai yra Mergelė Marija, pagimdžiusi Jėzų, ir jos vyras Juozapas. Kai Juozapas sužinojo, kad Marija tapo nėščia, nors jis nemiegojo su ja, kaip jis pasielgė? Pagal to meto įstatymą svetimavimu nusidėjęs žmogus turėjo būti užmuštas akmenimis. Tačiau Juozapas neviešino jos padėties. Jis norėjo tyliai nutraukti sužadėtuves. Kokia gera buvo jo širdis!

Kita vertus, nedorėlio pavyzdys yra Absalomas. Kai jo pusbrolis Amnonas išprievartavo jo seserį, Absalomas nutarė jam atkeršyti. Sulaukęs patogios progos Absalomas nužudė Amnoną. Jis neapkentė net savo tėvo Dovydo dėl šio incidento. Galiausiai jis suorganizavo maištą prieš tėvą. Visos šios nedorybės baigėsi tragiška Absalomo gyvenimo pabaiga.

Evangelija pagal Matą 12, 35 sako: „Geras žmogus iš gero lobyno iškelia gera, o blogas iš blogo lobyno iškelia bloga." Kai žmonės auga, nepriklausomai nuo jų ketinimų, blogis savaime įsiskverbia į juos. Prieš daug laiko, nors ir nelabai dažnai, bet būdavo daug žmonių, pasiryžusių numirti už savo šalį ir tautą. Tačiau šiais laikais labai sunku rasti tokių žmonių. Daug žmonių, net susitepę nedorybėmis to nesupranta ir gyvena, manydami, kad su jais viskas gerai.

Kodėl Dievas teisia žmones

Skaitydami Bibliją ir žmonijos istoriją matome, kad žmonių nuodėmėms pasiekus apogėjų ir peržengus visas ribas, juos ištinka Dievo teismai. Dievo teismai būna trijų pagrindinių kategorijų.

Kai Dievo teismas ištinka netikinčiuosius, jis gali ištikti visą tautą arba atskirus žmones. Dievo teismas ištinka ir Jo žmones. Kai visa tauta nusikalsta, pamina žmoniškumą ir etiką, didžiulė bėda ištinka visą kraštą. Jeigu žmogus padarys teismą užtraukiančią nuodėmę, Dievas sunaikins jį. Kai Dievo žmonės nusikalsta, Jis auklėja juos. Dievas myli žmones, todėl leidžia jiems per išbandymus ir vargus pasimokyti iš savo klaidų ir palikti jas.

Dievas Kūrėjas valdo visus žmones ir leidžia jiems pjauti, ką šie pasėja, nes jis ir Teisėjas. Praeityje, kai žmonės nepažinojo Dievo, bet būdami geros širdies ieškojo Jo arba bandė gyventi teisume, kartais Dievas apsireikšdavo jiems per sapnus ir pranešdavo, kad Jis gyvas.

Babilono imperijos karalius Nebukadnecaras netikėjo į Dievą, bet Jis vis tiek apreiškė jam sapne ateities įvykius. Nebukadnecaras nepažinojo Dievo, bet buvo gana kilnus ir atrinko elitą iš belaisvių. Jis mokė juos apie Babilono civilizaciją ir net paskyrė juos į svarbius imperijos postus. Jis taip elgėsi todėl, kad kažkur širdies gelmėje pripažino aukščiausiąjį gėrį. Net jeigu žmogus nepažįsta Dievo, bet stengiasi turėti teisią širdį, Dievas atras būdą, kaip apreikšti jam, kad Jis yra gyvasis Dievas, ir atlygins jam pagal darbus.

Paprastai, kai netikintieji daro nedorybes, Dievas nebaudžia jų, kol nėra labai rimtos priežasties, nes jie net nežino, kas yra nuodėmė, ir neturi nieko bendra su Juo. Jie kaip nesantuokiniai vaikai dvasine prasme. Galiausiai jie atsidurs pragare, jie jau pasmerkti. Žinoma, jeigu jų nuodėmės peržengia visas ribas ir pamina žmoniškumą ir labai kenkia kitiems, Dievas įsikiša, nors jie ir netiki, nes Jis teisėjas, kuris įvertina visos žmonijos gerus ir piktus darbus.

Apaštalų darbuose 12, 23 parašyta: „Ir beregint jį ištiko Viešpaties angelas už tai, kad nedavė Dievui priklausančios garbės. Jis mirė, kirminų suėstas." Karalius Erodas buvo netikintis, nužudęs Jokūbą, vieną iš dvylikos Jėzaus mokinių. Jis taip pat įkalino Petrą, bet Erodui galutinai išpuikus ir pasijutus dievu,

Dievas ištiko jį, ir šis mirė kirminų suėstas. Jeigu nepažįstančio Dievo žmogaus nuodėmės peržengia nustatytą ribą, jis susilaukia rūstaus teismo.

O kaip su tikinčiaisiais? Kai izraelitai garbindavo stabus, nuklysdavo nuo Dievo ir darydavo visokias nedorybes, Dievas nepalikdavo jų. Jis sudrausdavo ir mokydavo juos per pranašus, o jeigu jie vis tiek neklausydavo, bausdavo juos, kad šie paliktų savo nedorus kelius.

Laiške hebrajams 12, 5-6 parašyta: „Mano sūnau, nepaniekink Viešpaties auklybos ir nenusimink jo baramas, nes Dievas griežtai auklėja, ką myli, ir plaka kiekvieną sūnų, kurį priglaudžia." Dievas įsikiša, kai Jo mylimi vaikai suklysta. Jis bara ir griežtai auklėja juos, kad šie atgailautų, atsiverstų ir džiaugtųsi palaimintu gyvenimu.

* Todėl, kad žmonių nedorumas didelis

Dievo teismas ištinka žemę, kai žmonių nedorumas būna didelis (Pradžios knyga 6, 5). Kaip atrodo pasaulis, kai žmonių nedorumas būna didelis?

Pirma, tai atvejis, kai žmonės kartu, būdami viena tauta, sukaupia daug nedorybių. Žmonės susivienija su šalies vadovu, prezidentu ar ministru pirmininku, ir kartu kaupia nuodėmes. Puikus pavyzdys yra liūdnai pagarsėjusi nacistinė Vokietija ir Holokaustas. Visa Vokietija kartu su Hitleriu naikino žydus. Šie nedori veiksmai buvo ypatingai žiaurūs.

Istoriniais duomenimis maždaug 6 milijonai žydų, gyvenusių Vokietijoje, Austrijoje, Lenkijoje, Vengrijoje ir Rusijoje buvo žiauriai sunaikinti nepakeliamu darbu, kankinimais, badu ir žudynėmis. Žydai mirė nuogi dujų kamerose, buvo gyvi užkasami duobėse, o kai kurie siaubingai mirė eksperimentuose su žmonėmis. Koks likimas ištiko Hitlerį ir Vokietiją, kurie darė šiuos baisius darbus? Hitleris nusižudė, o Vokietija buvo visiškai sutriuškinta su amžina istorine dėme suteptu šalies vardu. Valstybė buvo padalinta į Rytų Vokietiją ir Vakarų Vokietiją. Karo nusikaltėliai pasikeitė pavardes ir nuolat bėgo iš vienos šalies kitą. Sugautieji buvo nuteisti mirties bausme.

Žmonės Nojaus laikais taip pat susilaukė teismo, nes buvo taip paskendę nuodėmėse, kad Dievas nutarė sunaikinti juos (Pradžios knyga 6, 11-17). Nojus iki pat tvano pradžios skelbė jiems artėjantį teismą, bet jie neklausė. Iki pat dienos, kurią Nojus su šeima įlipo laivą, žmonės valgė ir gėrė, tuokėsi ir linksminosi. Net lietui prasidėjus, jie nieko nenumanė (Evangelija pagal Matą 24, 38-39). Visi žmonės žuvo tvane, išskyrus Nojų ir jo šeimą (Pradžios knyga, 7-as skyrius).

Biblijoje parašyta, kad Abraomo laikais Dievas nuteisė ugnimi ir siera Sodomą ir Gomorą, nes šie miestai skendėjo nuodėmėse (Pradžios knyga, 19-as skyrius). Be šių pavyzdžių žmonijos istorijoje buvo daug atvejų, kai Dievas nuteisdavo badu, žemės drebėjimais, maru ir kitomis nelaimėmis šalis, kai jos visiškai pasinerdavo į nuodėmes.

Kitas atvejis yra atskiro žmogaus nuteisimas, tikinčio arba netikinčio, jeigu jis kaupia nedorybes ir piktus darbus. Žmogaus gyvenimas gali būti sutrumpintas dėl jo nedorumo arba, priklausomai nuo jo nuodėmingumo laipsnio, jį ištinka tragiška mirtis. Tačiau vien tai, kad kas nors anksti miršta, nereiškia, kad jis buvo Dievo nuteistas, nes Paulius ir Petras buvo nužudyti už teisų gyvenimą. Jie mirė teisiųjų mirtimi ir danguje spindi kaip saulė. Praeityje buvo teisiųjų, kuriuos nužudė už tiesos sakymą karaliui. Jų mirtis buvo ne teismas už nuodėmes, bet teisiųjų mirtis.

Dabartiniame pasaulyje tautų ir atskirų žmonių nuodėmės didžiulės. Dažniausiai žmonės netiki į vieną tikrąjį Dievą, ir vadovaujasi savo galva. Jie vaikosi netikrų dievų, stabų arba myli kitus dalykus labiau negu Dievą. Seksas prieš santuoką beveik visur tapo priimtinas, o gėjų ir lesbiečių santuokų legalizavimas nuolat plinta. Visur narkotikai, nesantaika, kovos, neapykanta ir korupcija.

Paskutinieji laikai aprašyti Evangelijoje pagal Matą 24, 12-14: „Kadangi įsigalės neteisybė, daugelio meilė atšals. O kas ištvers iki galo, bus išgelbėtas. Ir bus paskelbta ši karalystės Evangelija visame pasaulyje paliudyti visoms tautoms. Ir tada ateis galas." Tai dabartinis pasaulis.

Kaip jūs nematote, ar esate susitepęs, kai būnate tamsoje, taip pasaulyje tiek daug nuodėmių, kad dažnai nedorybėse gyvenantys žmonės net nežino, kad daro nusikaltimus. Jų širdys kupinos nedorybių, ir tikroji meilė negali prasiskverbti į jas. Nepasitikėjimas, neištikimybė ir neviltis plačiai paplitę, nes žmonių meilė atšalo. Kaip šventas Dievas gali į tai žiūrėti ir neįsikišti? Jeigu vaikas pasuka klaidingu keliu, ką daro jo mylintis tėvas? Jis bara vaiką ir stengiasi įtikinti jį elgtis teisingai. Bet jeigu vaikas neklauso, tėvas gali ir diržą paimti, kad perauklėtų neklaužadą. Jeigu vaikas ima elgtis nežmoniškai, tėvas gali net išsižadėti vaiko. Tas pats ir su Dievu Kūrėju. Jeigu žmogus taip puola, kad nebesiskiria nuo gyvulio, Dievas būna priverstas jį nuteisti.

* Todėl, kad jų širdys linkę į pikta

Kai Dievas vykdo teisingumą, Jis liūdi ne tik dėl pasaulio nuodėmingumo, bet ir blogų žmogaus minčių. Kietaširdis žmogus pilnas blogų minčių. Jis godus, visada ieško sau naudos, bet kokia kaina siekia turtų ir puoselėja piktas mintis. Tai tinka ir tautai, ir individui. Net ir tikintiesiems. Jeigu žmogus išpažįsta tikėjimą į Dievą, bet tiki tik protu ir nedaro tikėjimo darbų, jis siekia sau naudos ir negali išvengti piktų minčių.

Kodėl garbiname Dievą ir klausome Jo žodžio? Kad elgtumėmės pagal Jo valią ir taptume teisiaisiais, kokiais Dievas nori mus padaryti. Tačiau daug kas šaukia: „Viešpatie, Viešpatie," bet negyvena pagal Jo valią. Nesvarbu, kad jie sako daug darę dėl Dievo, jeigu jų širdys nedoros, jie bus nuteisti ir nepateks į dangų (Evangelija pagal Matą 7, 21). Dievo įsakymų ir nuostatų nesilaikymas yra nuodėmė, o tikėjimas be darbų yra miręs, todėl tokie žmonės nebus išgelbėti.

Jeigu išgirdome Dievo žodį, turime elgtis pagal jį ir atmesti nedorybes. Paskui, kai mūsų sielai seksis, mes klestėsime visais atžvilgiais ir būsime palaiminti sveikata. Ligos, išbandymai ir vargai pasitrauks. Net jeigu kartais jų pasitaikys, viskas išeis į gera, mūsų palaiminimui.

Kai Jėzus atėjo į šį pasaulį, geraširdžiai piemenys, pranašė Ona, Simeonas ir kiti atpažino kūdikį Jėzų. Tačiau fariziejai ir sadukiejai, kurie skelbėsi griežtai besilaikantys Įstatymo ir mokė žmones, neatpažino Jėzaus. Jeigu jie būtų pasinėrę į Dievo žodį, būtų turėję geras širdis ir atpažinę bei priėmę Jėzų. Tačiau be pasikeitimo širdies gelmėje, jie norėjo pasipuikuoti ir stengėsi atrodyti šventi tik išoriškai. Jų širdys buvo surambėję, jie nesuprato Dievo valios ir negalėjo atpažinti Jėzaus. Gerumo ir pikto kiekis širdyje turi milžinišką reikšmę.

Vien žmogaus protu neįmanoma paprastai ir suprantamai paaiškinti Dievo žodžio. Kai kas sako, kad norint suprasti tikrąją Biblijos prasmę, reikia studijuoti hebrajų bei graikų kalbas ir aiškinti originalo kalba parašytą tekstą. Tuomet kodėl fariziejai, sadukiejai ir aukštieji kunigai gerai nesuprato Biblijos, parašytos jų gimtąja hebrajų kalba, ir neatpažino Jėzaus? Todėl, kad Dievo žodis yra Šventosios Dvasios įkvėptas ir teisingai suprantamas tik Šventajai Dvasiais įkvėpus per maldą. Biblija negali būti aiškinama raidiškai.

Todėl, jeigu turime netiesos širdyje ir kūno geismo, akių geismo ar gyvenimo puikybės, negalime suprasti ir vykdyti Dievo valios. Žmonės mūsų laikais tokie nedori, kad atsisako tikėti į Dievą arba vadina save tikinčiais į Dievą, bet toliau daro nusikaltimus ir gyvena neteisume. Jie elgiasi ne pagal Dievo valią. Todėl mes žinome, kad Dievo teismas arti.

* Todėl, kad kiekvienas užmojis jų širdyse piktas

Dievas turi imtis teismo, kai kiekvienas užmojis žmogaus širdyje būna piktas. Kai turime piktų minčių, iš jų kylantys planai taip pat būna pikti, ir galų gale šios mintys išprovokuoja piktus veiksmus. Tik pagalvokite, kiek piktų planų gimsta dabartinėje visuomenėje.

Aukštas pareigas užimantys valstybės pareigūnai reikalauja didžiulių kyšių, turi „purvinus fondus" papirkinėjimui ir įsivelia į nesibaigiančias rietenas. Nesąžiningas valstybinių pareigų gavimas, kariniai ir visokiausi kiti skandalai plačiai paplitę. Pasitaiko vaikų, kurie įvykdo iš anksto suplanuotą tėvų žmogžudystę, kad užvaldytų šeimos turtą, o kiti ieško, kaip nusikalstamais būdais pelnyti pinigų lėbavimui.

Šiandien net maži vaikai kuria piktus planus. Norėdami gauti pinigų pramogoms ar geidžiamiems žaislams jie meluoja savo tėvams arba net vagia. Kai žmonės taip susirūpinę savo malonumais, kiekvienas širdies užmojis tampa piktas. Kai civilizacija greitai turtėja materialiai, visuomenė pasineria į dekadentišką, malonumų ieškančią kultūrą. Būtent tai ir vyksta šiandien, visai kaip Nojaus laikais, kai nuodėmė pasiekė savo apogėjų pasaulyje.

Kaip išvengti Dievo teismo

Mylintys Dievą, dvasiškai gyvi žmonės sako. kad Viešpaties sugrįžimas labai arti. Biblijoje minimi paskutinių laikų ženklai, apie kuriuos Viešpats kalbėjo, dabar aiškiai regimi. Net netikintys dažnai sako, kad gyvename paskutiniaisiais laikais. Mokytojo knyga 12, 14 sako: „Juk Dievas kiekvieną pašauks atsakyti už darbą, net slaptą ir gerą, ir blogą." Turime žinoti, kad pabaiga arti ir iki kraujo kovoti su nuodėme, atmesdami visus pikto pavidalus, kad taptume teisūs.

Tie, kurie priėmė Jėzų Kristų, kurių vardai įrašyti gyvenimo knygoje, gaus amžinąjį gyvenimą ir džiaugsis amžinaisiais palaiminimais. Jiems bus atlyginta pagal darbus, vieni spindės kaip saulė, kiti kaip mėnulis ar žvaigždės. Kita vertus, po teismo prie didelio balto sosto tie, kurių mintys ir širdys buvo netyros, o kiekvienas užmojis buvo piktas, kurie atsisakė priimti Jėzų Kristų ir netikėjo į Dievą, amžinai kentės pragare.

Jeigu norime išvengti Dievo teismo, nemėgdžiokime šio pasaulio, kuris pilnas sugedimo ir nuodėmių, bet atnaujinkime savo mąstymą, kad suvoktume Dievo valią – kas gera, tinkama ir tobula, ir vykdytume ją (Laiškas romiečiams 12, 2). Apaštalas

Paulius sakė: „Aš kasdien mirštu". Mes taip pat turime pasiduoti Kristui ir gyventi pagal Dievo žodį. Tuomet mūsų sielai seksis, visada turėsime geras mintis, ir mūsų poelgiai bus gerumo įkvėpti. Klestėsime visose gyvenimo srityse, turėsime gerą sveikatą ir galiausiai džiaugsimės amžinaisiais palaiminimais danguje.

13 skyrius

Neik prieš Jo valią

„Levio sūnaus Kehato sūnaus Iccharo sūnus Korachas drauge su Eliabo sūnumis Datanu ir Abiramu bei Peleto sūnumi Onu, Rubeno palikuonimis, pasiėmė du šimtus penkiasdešimt izraelitų bendrijos vadų, tarybos narių, žymių vyrų ir sukilo prieš Mozę. Jie susibūrė prieš Mozę ir Aaroną, sakydami: 'Per toli nuėjote! Juk visa bendrija, visi iki vieno yra šventi, ir VIEŠPATS yra tarp jų. Tad kodėl keliate save aukščiau už VIEŠPATIES bendriją?'"
(Skaičių knyga 16, 1-3)

„Vos jam ištarus šiuos žodžius, žemė prasivėrė po jų kojomis. Žemė pravėrė savo burną ir prarijo juos drauge su šeimomis visa, kas priklausė Korachui, ir jų nuosavybę. Su viskuo, kas jiems priklausė, jie nugrimzdo gyvi į Šeolą. Žemė apdengė juos, ir jie pražuvo iš bendrijos."
(Skaičių knyga 16, 31-33)

Jeigu vykdysime Žodį, laikysimės Jo nuostatų ir eisime teisumo keliu, būsime palaiminti pareidami ir išeidami. Visos mūsų gyvenimo sritys bus palaimintos. Priešingu atveju, jeigu nepaklūstame ir stojame prieš Dievo valią, teismas pasmerkia mus. Todėl turime tapti ištikimais Dievo vaikais, kurie myli Jį, visa širdimi paklūsta Jo valiai ir elgiasi pagal Jo nuostatus.

Teismas ateina, kai stojame prieš Dievo valią

Kadaise gyveno žmogus, teisėtai pasipiktinęs. Jis su savo vienminčiais bičiuliais suplanavo revoliuciją, kad padėtų savo šaliai. Revoliucijos pradžiai artėjant, visų draugų ryžtas vis stiprėjo. Tačiau vieno draugo išdavystė visiškai sugriovė šalies gelbėjimo planą. Kaip liūdna ir tragiška, kai vieno žmogaus klaida neleidžia įvykdyti daugelio žmonių geros valios!

Neturtingi vyras ir moteris susituokė. Daug metų abu, susiveržę diržus, taupė. Galų gale jie įsigijo žemės ir pradėjo patogiai gyventi. Paskui netikėtai vyras įjunko į azartinius lošimus bei alkoholį ir pralošė visą abiejų sukauptą turtą. Ar įsivaizduojate jo žmonos širdgėlą?

Žmonių tarpusavio santykiai baigiasi tragedijomis, kai jie prieštarauja vienas kito valiai. Kas atsitinka, kai žmogus nusprendžia eiti prieš Dievo, visatos Kūrėjo, valią? Skaičių knyga 16, 1-3 pasakoja, kaip Korachas, Datanas ir Onas kartu su 250 bendrijos vadų sukilo prieš Dievo valią. Mozė buvo jų vadovas, kurį Dievas išrinko. Mozės vedami jie turėjo tapti vienos minties, įveikti sunkų gyvenimą dykumoje ir įžengti į Kanaano kraštą. Tačiau šis skaudus įvykis jiems sutrukdė.

Korachas, Datanas ir Onas kartu su savo šeimomis buvo gyvi palaidoti, kai žemė atsibėrė po jais ir prarijo juos. VIEŠPATIES ugnis sunaikino 250 sukilusių bendrijos vadų. Kodėl tai atsitiko? Sukilti prieš Dievo išrinktą vadovą yra tas pats, kas sukilti prieš Dievą.

Net mūsų kasdieniniame gyvenime apstu ėjimo prieš Dievą pavyzdžių. Nors Šventoji Dvasia mūsų širdyje ragina to nedaryti, mes einame prieš Jo valią, jeigu ji nesutampa su mūsų mintimis ir norais. Kuo daugiau vadovaujamės savo, bet ne Jo mintimis, tuo dažniau einame prieš Dievo valią. Laikui bėgant, mes nebegirdėsime Šventosios Dvasios balso. Vykdydami savo valią susidursime su sunkumais ir vargais.

Žmonės, ėję prieš Dievo valią

Mozės brolis Aaronas ir jo sesuo Mirjama kalbėjo prieš Mozę dėl jo kušitės žmonos Skaičių knygoje 12, 2: „Argi VIEŠPATS tik per Mozę kalbėjo? Argi jis nekalbėjo ir per mus?" Dievo rūstybė iškart ištiko Aaroną ir Mirjamą, kuri tapo raupsuota.

Dievas subarė juos abu: „Jei tarp jūsų būtų pranašas, aš

apsireikščiau jam regėjime, aš kalbėčiau jam sapne. Bet ne toks yra mano tarnas Mozė: jam patikėti visi mano namai. Su juo aš kalbu tiesiogiai, aiškiai, ne mįslėmis. Jis mato patį VIEŠPATĮ. Tad kodėl nebijote kalbėti prieš mano tarną Mozę?" (6-8 eilutės).

Pažvelkime, ką reiškia eiti prieš Dievo valią, pasitelkdami pavyzdžių iš Biblijos.

1) Izraelitų stabmeldystė

Išėjimo metu Izraelio sūnūs savo akimis matė dešimt rykščių, ištikusių Egiptą, ir Raudonąją jūrą, perskirtą prieš juos. Jie patyrė tiek daug įvairiausių ženklų ir stebuklų, kad turėjo žinoti, jog VIEŠPATS yra gyvasis Dievas. Bet ką jie veikė, kol Mozė buvo ant kalno, pasninkavo 40 dienų ir gavo Dešimt įsakymų iš Dievo? Jie pasidarė aukso veršį ir garbino jį. Dievas atskyrė Izraelį kaip savo išrinktąją tautą ir mokė ją negarbinti stabų. Tačiau jie elgėsi prieš Dievo valią ir dėl to mirė trys tūkstančiai iš jų (Išėjimo knyga, 32-as skyrius).

Metraščių pirmoje knygoje 5, 25-26 parašyta: „Bet jie nusižengė savo protėvių Dievui ir kekšavo su dievais krašto tautų, kurias Dievas buvo prieš juos išnaikinęs. Užtat Izraelio Dievas sukurstė Asirijos valdovo Pulo (Asirijos karaliaus Tiglat Pilesero) dvasią, ir šis ištrėmė juos, būtent rubenus, gadus ir pusę Manaso giminės, nuvarydamas į Halachą, Haborą, Harą ir prie

Gozano upės, kur jie pasiliko iki šios dienos." Izraelitai kekšavo, garbindami Kanaano krašto dievus, todėl Dievas sukurstė Asirijos karalių užgrobti Izraelį ir ištremti didelę dalį išrinktosios tautos. Izraelitų veiksmai prieš Dievą buvo šios nelaimės priežastis.

Priežastis, dėl kurios Asirija sunaikino šiaurinę Izraelio karalystę, o Babilonas pietinę Judo karalystę, taip pat buvo stabmeldystė.

Stabmeldystė – tai stabų, padarytų iš aukso, sidabro, bronzos ar kitų medžiagų garbinimas. Kai žmonės padeda virtą kiaulės galvą ant stalo ir nusilenkia savo mirusių protėvių dvasioms, jie taip pat garbina stabus. Kokia gėda, kai žmogus, aukščiausias iš visų kūrinių, nusilenkia prieš negyvą kiaulę ir prašo jos palaiminimų!

Išėjimo knygoje 20, 4-5 užrašytas Dievo įsakymas: „Nedirbsi sau drožinio nei jokio paveikslo, panašaus į tai, kas yra aukštai danguje ir kas yra čia, žemėje, ir kas yra vandenyse po žeme. Jiems nesilenksi ir jų negarbinsi"

Dievas aiškiai pasakė, kad baus žmones, jeigu jie žiūrės pro pirštus į Jo įsakymus ir nesilaikys jų: „Aš VIEŠPATS, tavo Dievas, esu pavydus Dievas, skiriantis bausmę už tėvų kaltę vaikams – trečiajai ir ketvirtajai kartai tų, kurie mane atmeta, bet rodantis ištikimą meilę iki tūkstantosios kartos tiems, kurie mane myli ir laikosi mano įsakymų."

Stabmeldystės tradicijų besilaikantys žmonės patiria visokių bėdų. Vieną kartą mūsų bažnyčios narė nusilenkė prieš stabą ir patyrė bėdą. Jos burna taip persikreipė, kad ji nebegalėjo normaliai klabėti. Kai paklausiau, kas atsitiko, ji pasakė, kad atostogų metu aplankė savo šeimą ir, nepajėgusi atsispirti spaudimui, nusilenkė prieš tradicinę auką protėviams. Kitą rytą ji atsibudo su perkreipta burna. Laimei, ji nuoširdžiai atgailavo prieš Dievą ir priėmė maldą. Jos burna pasveiko ir vėl tapo normali. Dievas atvedė ją į išgelbėjimą per pamoką, kad stabmeldystė yra kelias į pražūtį.

2) Faraono atsisakymas išleisti izraelitus

Išėjimo knygoje, 7-12 skyriuose izraelitai, kurie buvo vergai Egipte, Mozės vedami, bandė išeiti iš Egipto. Tačiau faraonas jų neišleido, todėl didžiulė nelaimė ištiko faraoną ir Egiptą. Dievas Kūrėjas yra žmonijos gyvenimo ir mirties valdovas, todėl niekam negalima eiti prieš Jo valią. Dievo valia buvo Izraelio tautos Išėjimas, bet kietaširdis faraonas priešinosi Dievo valiai.

Todėl Dievas siuntė Egiptui dešimt rykščių, ir visa šalis baisiai nukentėjo. Galų gale faraonas nenoriai išleido Izraelio tautą, bet širdyje buvo pilnas neapykantos. Jis persigalvojo ir išsiuntė kariuomenę vyris izraelitų, net į perskirtą Raudonąją jūrą. Visa

Egipto kariuomenė nuskendo Raudonojoje jūroje. Faraonas ėjo prieš Dievo valią iki liūdno galo, kol teismas ištiko jį. Dievas daug kartų parodė jam, kad Jis yra gyvasis Dievas. Faraonas turėjo suprasti, kad Dievas yra vienintelis tikrasis Dievas. Jis turėjo paklusti Jo valiai. Izraelitų išleidimas į laisvę buvo teisingas poelgis net pagal žmonių standartus.

Vienai tautai paimti į vergiją kitą tautą tikrai neteisinga. Be to, Egiptas išvengė didžiulio bado tik dėl Juozapo, Jokūbo sūnaus, pastangų. Nors praėjo 400 metų, tai buvo istorinis faktas, kad Egiptas už savo išlikimą buvo skolingas Izraeliui. Tačiau, užuot atsilyginęs izraelitams už patirtą malonę, Egiptas pavertė juos vergais. Ar įsivaizduojate, kaip tai nedora? Faraonas, turėjęs absoliučią valdžią, buvo pilnas godumo. Jis kovojo prieš Dievą iki galo ir susilaukė Jo teismo.

Šiandien mūsų visuomenėje taip pat yra tokių žmonių, ir Biblija įspėja, kad jų laukia teismas. Pražūtis laukia visų, kurie atsisako tikėti į Dievą, remdamiesi savo protu ir puikybe, arba kvailai klausia: „Kur tas Dievas?"

Net vadinantys save tikinčiais į Dievą nesiskiria nuo faraono, jeigu nepaiso Dievo įsakymų, užsispyrusiai vadovaudamiesi, susipriešina ir pykstasi su kitais, giriasi nuopelnais Dievo karalystei, tačiau savo pavydu ir godumu piktina aplinkinius. Jeigu žinodami, kad Dievo valia mums yra gyvenimas šviesoje, toliau gyvename tamsoje, patirsime tas pačias kančias kaip ir netikintieji, nes Dievas nuolat įspėja žmones, bet jie neklauso ir eina prieš Dievo valią, susitapatindami su pasauliu.

Priešingu atveju, jeigu žmogus gyvena teisiai, ir jo širdis tampa tyra, panaši į Dievo širdį, priešas velnias pasitraukia. Nesvarbu, kokios ligos jį užpultų, kokie išmėginimai ir vargai ištiktų, jeigu jis toliau išliks teisus prieš Dievą, taps sveikas ir stiprus, o visi išmėginimai ir vargai pasibaigs. Jeigu namai nešvarūs, juose apsigyvena tarakonai, pelės ir kiti parazitai. Bet jeigu namai išvalyti ir išdezinfekuoti, parazitai nebegali juose gyventi ir savaime išnyksta. Tas pats ir su žmogaus širdimi.

Kai Dievas prakeikė žaltį, kuris sugundė žmogų, Jis tarė: „Ant pilvo šliaužiosi ir dulkes ėsi visas savo gyvenimo dienas" (Pradžios knyga 3, 14). Tai nereiškia, kad žaltys ės žemės dulkes. Dvasine prasme Dievas pasakė priešui velniui – kuris sukurstė žaltį – ėsti žmogaus kūną, kuris padarytas iš dulkių. Dvasiškai „kūnas" yra tai, kas keičiasi ir miršta. Jis reiškia netiesą, kuri yra kelias į mirtį.

Priešas velnias atneša gundymus, vargus ir kančias kūniškiems žmonėms, kurie nusideda, paskendę netiesoje, ir galiausiai nuveda mirties keliu. Tačiau priešas negali prisiartinti prie šventų žmonių, kurie neturi nuodėmių ir gyvena pagal Dievo žodį. Jeigu gyvename teisume, ligos, išbandymai ir vargai savaime bėga nuo mūsų.

Jozuės knyga antrame skyriuje mini žmogų, kuris, priešingai

negu faraonas, buvo pagonis, bet padėjo įvykdyti Dievo valią ir gavo palaiminimą. Tas žmogus buvo moteris vardu Rahaba, gyvenusi Jeriche izraelitų Išėjimo metu. Išėję iš Egipto ir klaidžioję dykumoje 40 metų izraelitai kirto Jordano upę. Jie įsirengė stovyklą ir buvo pasiruošę pulti Jerichą bet kurią akimirką.

Rahaba buvo ne iš izraelitų, bet girdėjo gandų apie juos. Ji suprato, kad VIEŠPATS Dievas, visatos valdovas, buvo su Izraelio tauta. Ji taip pat žinojo, kad šis Dievas buvo ne toks dievas, kuris žudytų be priežasties. Rahaba žinojo, kad VIEŠPATS Dievas buvo teisingas Dievas, todėl padėjo Izraelio žvalgams, paslėpdama juos. Rahaba žinojo ir padėjo įvykdyti Dievo valią, todėl ji ir jos šeima išsigelbėjo, kai Jerichas buvo sunaikintas. Mes taip pat turime vykdyti Dievo valią, kad gyventume dvasinį gyvenimą, gaudami įvairiausių problemų sprendimus ir atsakymus į maldas.

3) Kunigo Elio ir jo sūnų Dievo nustatytos tvarkos nepaisymas

Samuelio pirma knyga antrame skyriuje pasakoja, kaip kunigo Elio sūnūs, kurie buvo niekšai, valgė Dievui paaukotą maistą ir net gulėjo su moterimis, tarnaujančiomis prie Susitikimo palapinės. Jų tėvas, kunigas Elis, tik barė juos žodžiu ir nesiėmė jokių veiksmų, kad nutrauktų jų nusikaltimus. Galų gale jo sūnūs žuvo kare su filistinais, o kunigas Elis nusilaužė sprandą ir mirė, virsdamas iš savo krėslo, išgirdęs šią naujieną. Tokia mirtis ištiko Elį dėl sūnų neauklėjimo nuodėmės.

Tas pats šiandien galioja ir mums. Jeigu matome svetimaujančius arba nesilaikančius Dievo įsakymų žmones ir tiesiog priimame juos, neaiškindami, kas yra gerai ir blogai, tuomet niekuo nesiskiriame nuo kunigo Elio. Turime pažvelgti į save ir įsitikinti, kad niekuo nesame panašūs į kunigą Elį ir jo sūnūs.

Tas pats atsitinka, kai žmonės panaudoja sau dešimtines ir padėkos aukas, skirtas Dievui. Kai neatnešame visų dešimtinių ir aukų, apsukame Dievą ir užtraukiame prakeikimą savo šeimai ar tautai (Malachijo knyga 3, 8-9). Tai, kas paskirta paaukoti Dievui neturi būti pakeista nieku kitu. Jeigu nutarėte savo širdyje atnešti auką Dievui, turite tai įvykdyti. O jeigu nutariate pakeisti savo auką į geresnę, turite atnešti Dievui abi aukas. Taip pat negerai, kai bažnyčios ląstelės vadovas ar iždininkas naudoja surinktas lėšas savo nuožiūra. Bažnyčios pinigų naudojimas ne pagal paskirtį arba kitam negu numatytam renginiui taip yra „Dievo apsukimas". Dievui skirtų pinigų savinimasis yra tokia pati vagystė kaip Judo Iskarijoto. Kas vagia Dievo pinigus, daro didesnę nuodėmę negu Elio sūnūs, ir jam nebus atleista. Jeigu kas nors padaro šią nuodėmę iš nesupratimo, turime išpažinti ją, nuoširdžiai atgailauti ir niekada jos nebekartoti. Žmonės būna prakeikti dėl tokių nuodėmių. Tragiški įvykiai, avarijos ir ligos ateina į jų gyvenimą, ir jie negali įgyti tikėjimo į Dievą.

4) Paauglių šaipymasis iš Eliziejaus ir kiti panašūs atvejai

Eliziejus buvo galingas Dievo tarnas, artimai bendravęs su Juo ir Jo pripažintas. Karalių antra knyga antrame skyriuje pasakoja apie būrį paauglių, kurie tyčiojosi iš Eliziejaus. Jie buvo tokie pikti, kad išbėgę iš miesto paskui jį šaukė: „Plikagalvi, nešdinkis! Plikagalvi, nešdinkis!" Eliziejus nebeapsikentęs prakeikė juos VIEŠPATIES vardu. Dvi meškos, atėjusios iš miško, sudraskė 42 paauglius. Biblijoje parašyta, kad 42 iš jų žuvo, todėl galime numanyti iš viso paauglių, kurie tyčiojosi iš Eliziejaus, buvo daug daugiau.

Prakeikimai ir palaiminimai, kuriuos ištaria pripažintas Dievo tarnas, išsipildo. Jeigu pašiepiate, šmeižiate ar apkalbate Dievo žmogų, jūs šmeižiate ir pajuokiate Dievą, einate prieš Jo valią.

Kas atsitiko žydams, kurie prikalė Jėzų prie kryžiaus ir šaukėsi Jo kraujo ant savęs ir savo palikuonių? 70 m. po Kr. Romos generolas Titas su savo kariuomene visiškai sugriovė Jeruzalę ir nužudė virš milijono žydų. Paskui žydai buvo išblaškyti po visą pasaulį ir patyrė visokiausių pažeminimų ir persekiojimų. Paskui šeši milijonai žydų buvo nužudyti nacistų rankomis. Kaip matote, sukilimas ir ėjimas prieš Dievo valią užtraukia milžiniškas pasekmes.

Eliziejaus tarnas Gehazis pateko į sunkią padėtį. Elijo, į kurio maldą Dievas atsakė ugnimi, mokinys Eliziejus gavo du kartus daugiau įkvėpimo už savo mokytoją. Tarnauti Eliziejui buvo didis palaiminimas. Gehazis matė daug stebuklų, kuriuos Eliziejus padarė. Jeigu būtų klausęs Eliziejaus ir mokęsis iš jo, Gehazis būtų gavęs daug galios ir palaiminimų. Deja, jis to nepadarė.

Vieną kartą Eliziejus su Dievo valia išgydė aramėjų kariuomenės generolą Naamaną, kuris sirgo raupsais. Naamanas norėjo duoti Eliziejui daug dovanų. Tačiau Eliziejus griežtai atsisakė, nes nepriimdamas dovanų atnešė didesnę garbę Dievui.

Tačiau nesupratęs savo šeimininko valios, materializmo apakintas Gehazis pasivijo generolą Naamaną, pamelavo jam ir pasiėmė dovanų. Jis paslėpė parsigabentas dovanas. Eliziejus jau žinojo, kas įvyko, ir davė Gehaziui progą atgailai, bet šis neigė savo kaltę. Naamano raupsai prilipo Gehaziui, nes šis pasielgę ne tik prieš Eliziejaus, bet ir Dievo valią.

5) Melavimas Šventajai Dvasiai

Apaštalų darbų knygos 5-ame skyriuje parašyta, kaip sutuoktiniai Ananijas ir Sapfyra melavo Petrui. Būdami pirmosios bažnyčios nariais jie nutarė parduoti savo turtą ir paaukoti Dievui gautus pinigus. Tačiau godumas užvaldė juos, gavus pinigus. Todėl jie paaukojo tik dalį pinigų ir melavo sakydami, kad tai visi pinigai. Jie abu krito negyvi dėl šio poelgio, nes pamelavo ne tik žmogui, bet ir Dievui bei Šventajai Dvasiai. Jis išmėgino Viešpaties Dvasią.

Aptarėme nemažai pamokančių pavyzdžių, bet be jų yra dar daug aprašymų, kaip žmonės ėjo prieš Dievo valią. Dievo įstatymas skirtas ne bausti, bet padėti suprasti, kas yra nuodėmė, ir atvesti į pasitikėjimą Jėzaus Kristaus galia, kad įveiktume nuodėmes ir patirtume gausius Dievo palaiminimus. Todėl pažvelkime atgal į savo veiksmus, kad pamatytumėme, ar nesielgėme prieš Dievo valią, ir jeigu elgėmės, turime atsiversti ir elgtis tik pagal Dievo valią.

Paaiškinimai

Krosnis ir šiaudai

„Krosnis" yra uždara kamera, kaitiname pastatų šildymui, atliekų deginimui, metalų rūdos lydymui ir taip toliau. Biblijoje žodis „krosnis" reiškia Dievo siųstus vargus, teismus, pragarą ir panašius dalykus. Trys Danieliaus draugai – Šadrachas, Mešachas ir Abed Negas – atsisakė nusilenkti auksiniam Nebukadnecaro stabui, todėl buvo įmesti į degančią krosnį, bet su Dievo pagalba liko gyvi ir nenukentėję (Danieliaus knyga, 3-as skyrius).

„Šiaudai" yra nupjautų javų stiebai, naudojami gyvulių pašarui ir pakratams, stogų dangai ir krepšių pynimui. Biblijoje šiaudai simbolizuoja nereikšmingus ir beverčius dalykus.

Kas yra puikybė?

Puikybė yra nelaikymas kitų aukštesniais už save. Tai žvelgimas iš aukšto į žmones ir galvojimas: „Aš geresnis už juos." Dažniausiai puikybė atsiskleidžia, kai žmogus galvoja, kad organizacijos, kuriai jis priklauso, vadovas jį myli ir pripažįsta. Kartais Dievas naudoja pagyrimų metodą, kad žmogus pamatytų savo puikybę.

Viena iš labiausiai paplitusių puikybės formų yra kitų teisimas ir smerkimas. Turime ypač saugotis, kad neugdytume dvasinės puikybės, skatinančios teisti kitus Dievo žodžiu, kurį griežtai privalu naudoti tik savo atžvilgiu. Dvasinė puikybė yra labai pavojingas pikto pavidalas, nes ją sunku atpažinti. Todėl turime ypatingai saugotis, kad netaptume dvasiniais išpuikėliais.

14 skyrius

„Sako Galybių VIEŠPATS ..."

„Žiūrėk! Jau arti diena, liepsnojanti kaip krosnis! Visi įžūlieji ir nedorėliai bus ražiena, kurią ateinanti diena taip sudegins, sako Galybių VIEŠPATS, kad nepaliks jiems nei šaknies, nei šakos. Bet jums, bijantiems mano vardo, patekės teisumo saulė su gydančiais spinduliais. Jūs išeisite šokinėdami tarsi veršiukai, išleisti iš gardo. Jūs sutrypsite nedorėlius, nes jie bus pelenai po jūsų kojų padais tą dieną, kai aš veiksiu, sako Galybių VIEŠPATS."
(Malachijo knyga 3, 19-21)

Dievas teis kiekvieną darbą, net slaptą ir gerą, ir blogą (Mokytojo knyga 12, 14). Galime įsitikinti tuo, pažvelgę į žmonijos istoriją. Išpuikėlis ieško sau naudos. Jis žiūri iš aukšto į kitus ir daro pikta, kad įgytų didelius turtus. Tačiau pabaigoje jo laukia pražūtis. Kita vertus, nuolankus ir Dievo bijantis žmogus gali atrodyti kvailas ir pradžioje patirti vargų, bet pabaigoje sulaukia didelių palaiminimų ir visų žmonių pagarbos.

Dievas priešinasi išpuikėliams

Palyginkime dvi moteris Biblijoje, Vaštę ir Esterą. Karalienė Vaštė buvo Persijos imperatoriaus Ahasvero žmona. Vieną dieną karalius Ahasveras iškėlė puotą ir pakvietė karalienę Vaštę ateiti pas jį į pokylį. Tačiau Vaštė, didžiuodamasi savo padėtimi ir ypatingu grožiu, atmetė karaliaus kvietimą. Karalius labai supyko ir atėmė iš karalienės jos titulą. Kas buvo Estera, tapusi karaliene po Vaštės?

Estera, kuri tapo karaliene, buvo žydaitė belaisvė, ištremta į Babiloną, valdant Nebukadnecarui. Estera buvo ne tik graži, bet ir išmintinga bei nuolanki. Vieną kartą jos tautai iškilo didelė grėsmė dėl amalekiečio vardu Hamanas. Tuomet Estera tris dienas pasninkavo ir meldėsi, o po to pasiryžusi numirti, jeigu reikės, pasipuošė karališkais rūbais ir nuolankiai atėjo pas karalių. Ji elgėsi taip nuolankiai prieš karalių ir visus žmones, kad ne tik pelnė karaliaus meilę ir pasitikėjimą, bet ir išgelbėjo savo tautą.

Jokūbo laiške 4, 6 parašyta: „Dievas priešinasi išpuikėliams, o nuolankiesiems teikia malonę". Niekada neišpuikime, kad Dievas neatmestų mūsų. Pranašas aiškiai sako Malachijo knygoje 3, 19: „Visi įžūlieji ir nedorėliai bus ražiena." Žmogaus likimas priklausys nuo to, kaip jis naudoja savo išmintį, žinias ir galią – geram ar piktam. Geras pavyzdys yra Dovydas ir Saulius.

Dovydas, tapęs karaliumi, kreipė savo mintis į Dievą ir vykdė Jo valią. Dievas laimino Dovydą, nes šis nuolankiai meldėsi Jam, prašydamas išminties sustiprinti valstybę ir atnešti taiką tautai.

Tuo tarpu karalius Saulius pasidavė godumui ir baimei prarasti sostą, todėl sugaišo daug laiko, mėgindamas nužudyti Dovydą, kuris buvo Dievo ir žmonių mylimas. Saulius, būdamas išpuikęs, neklausė pranašo įspėjimų. Galiausiai Dievas apleido Saulių, ir šis gėdingai žuvo mūšyje.

Gerai suprasdami, kaip VIEŠPATS Dievas teisia išpuikėlius, turime visiškai atmesti puikybę. Kai būsime nuolankūs, Dievas džiaugsis mumis ir pasiliks su mumis, išklausydamas mūsų maldas. Patarlių knyga 16, 5 sako: „VIEŠPATS bjaurisi kiekviena širdies puikybe; būk tikras, kad tai neliks nenubausta". Dievas taip bjaurisi širdies puikybe, kad nubaus ir tuos, kas susideda su išpuikėliais. Taip pat iš puikybės nedori žmonės linkę burtis į draugiją su nedorėliais.

Karaliaus Ezekijo puikybė

Pažvelkime įdėmiau, kai Dievas nekenčia puikybės. Daug Izraelio karalių pradėdavo karaliavimą, mylėdami Dievą ir vykdydami Jo valią, bet išpuikdavo, laikui bėgant, eidavo prieš

Dievo valią ir nebepaklusdavo Jam. Vienas iš šių neištikimųjų buvo karalius Ezekijas, 13-asis pietinės Judo karalystės valdovas. Karalius Ezekijas, tapęs karaliumi po savo tėvo Ahazo, Buvo Dievo mylimas, nes elgėsi dorai kaip Dovydas. Jis nugriovė aukurus svetimiems dievams aukštumose ir iškirto šventus stulpus visoje šalyje. Jis visiškai apvalė karalystę nuo stabų, kurių Dievas nekenčia, iškirto visus Ašeros stulpus (Metraščių antra knyga 29, 3 - 30, 27).

Tačiau šaliai susidūrus su politiniais sunkumais dėl ankstesnio karaliaus, kuris buvo neteisus, klaidų, karalius Ezekijas, užuot pasikliovęs Dievu, sudarė sąjungą su kaimyninėmis šalimis: Egiptu, Filistija, Sidonu, Moabu ir Amonu. Izaijas kelis kartus griežtai įspėjo karalių Ezekiją, kad šis elgiasi neatsakingai ir eina prieš VIEŠPATIES valią.

Būdamas pilnas puikybės karalius Ezekijas neklausė Izaijo įspėjimų. Galiausiai Dievas apleido Judo karalystę, ir Asirijos karalius Sanheribas užpuolė ir paėmė jos miestus. Karalius Sanheribas užkariavo Judą ir paėmė 200 000 belaisvių. Sanheribas pareikalavo iš karaliaus Ezekijo didžiulės duoklės, ir šis įvykdė jo reikalavimą, atiduodamas visas Šventyklos brangenybes ir ištuštindamas valstybės iždą. Ne bet kas galėjo liesti Šventyklos daiktus, bet Ezekijas atidavė juos, gelbėdamas savo kailį, todėl Dievas nusigręžė nuo jo.

Sanheribui toliau grasinant, net gavus didžiulę duoklę,

Ezekijas pagaliau suprato, kad savo jėgomis nieko nepadarys ir atgailaudamas šaukėsi Dievo. Dievas pasigailėjo Ezekijo ir sutriuškino Asiriją. Mes galime patirti tokias pamokas šeimose, darbe, versle ir santykiuose su kaimynais bei broliais ir seserimis. Išpuikėlis negali priimti meilės, jau nekalbant apie pagalbą sunkiu metu.

Tikinčiųjų puikybė

Demonai negali įeiti į žmogų, kuris tiki į Dievą, nes Dievas saugo jį. Tačiau kartais demonai įsiskverbia į žmones, vadinančius save tikinčiais į Dievą. Kaip tai atsitinka? Dievas priešinasi išpuikėliams. Jeigu žmogus taip išpuiksta, kad Dievas nusigręžia nuo jo, demonai gali įeiti į jį. Kai žmogus dvasiškai išpuiksta, šėtonas gali apsėsti jį demonais ir priversti daryti piktus darbus.

Net be apsėdimo dvasiškai išpuikęs tikintysis gali nusikalsti tiesai ir žlugti. Jis nevykdo Dievo žodžio, todėl Dievas ne su juo, ir viskas jo gyvenime žlunga. Patarlių knygoje 16, 18 parašyta: "Puikybė apima prieš žūtį, įžūlumas prieš nesėkmę." Puikybė neduoda jokios naudos. Iš tiesų ji atneša tik skausmus ir kančias. Dvasinė puikybė yra baisus kenkėjas, kurį reikia visiškai sunaikinti.

Kaip tikintiems sužinoti, ar jie neišpuiko? Išpuikėlis visada jaučiasi teisus, todėl nepakelia kritikos. Dievo žodžio nevykdymas yra puikybė, nes rodo nepagarbą Dievui. Kai Dovydas sulaužė Dievo įsakymą ir nusidėjo, Jis griežtai subarė jį: „Mane paniekinai" (Samuelio antra knyga 12, 10). Nesimeldimas, nemeilė, nepaklusnumas, ir krislo rodymas kito akyje, nematant rąsto savojoje, yra puikybės pavyzdžiai. Žiūrėjimas į kitus iš aukšto, teisiant ir smerkiant juos pagal savo standartus, gyrimasis ir noras pasirodyti taip pat yra puikybės formos. Vėlimasis į ginčus ir kivirčus taip pat rodo puikybę. Išpuikėlis nori, kad kiti jam tarnautų, ir trokšta pasiekti viršūnę. Siekdamas sau naudos ir garbės jis ima daryti piktus darbus.

Jūs turite atgailauti dėl puikybės ir tapti nuolankiais žmonėmis, kad džiaugtumėtės sėkmingu gyvenimu. Todėl Jėzus ir sako: „Iš tiesų sakau jums: jeigu neatsiversite ir nepasidarysite kaip vaikai, neįeisite į dangaus karalystę" (Evangelija pagal Matą 18, 3). Jeigu žmogus išpuiksta ir visada jaučiasi teisus, nuolat gina savo savigarbą ir pasikliauja savo supratimu, jis negali priimti Dievo žodžio, kaip jis parašytas, ir elgtis pagal jį, todėl gali net prarasti išgelbėjimą.

Netikrų pranašų puikybė

Senasis Testamentas pasakoja apie karalius, kurie klausdavo pranašų apie ateitį ir elgdavosi pagal jų patarimą. Ahabas buvo septintas šiaurinės Izraelio karalystės karalius. Prieš jo mirtį

Izraelyje buvo paplitęs Baalo garbinimas, šalis buvo nuožmiai užpulta Aramo kariuomenės, nes karalius Ahabas pasikliovė netikrų pranašų žodžiais ir neklausė pranašo Michėjo įspėjimų.

Karalių pirmos knygos 22-ame skyriuje karalius Ahabas prašė Judo karaliaus Juozapato padėti atkovoti Ramot Gileadą iš karaliaus Aramo. Juozapatas mylėjo Dievą ir kreipėsi į pranašą, kad sužinotų Dievo valią, prieš priimdamas sprendimą. Tada karalius Ahabas pasišaukė apie keturis šimtus netikrų pranašų, visuomet pataikaujančių jam, ir paklausė patarimo. Jie vienbalsiai išpranašavo Izraelio pergalę.

Tačiau Michėjas, tikrasis pranašas, išpranašavo pralaimėjimą. Du karaliai nepaisė Michėjo pranašystės ir kartu išžygiavo į mūšį su Aramu. Kaip viskas baigėsi? Niekas nelaimėjo mūšio. Karalius Ahabas buvo persirengęs kareiviu, kad išvengtų mirties mūšio lauke, bet atsitiktinės strėlės sužeistas mirė nuo kraujo netekimo. Tai buvo netikrų pranašų klausymo ir Michėjo, tikro pranašo, pranašystės nepaisymo pasekmės. Dievas teis netikrus pranašus ir mokytojus. Jie bus pragare įmesti į degančios sieros ežerą, septynis kartus karštesnį už ugnies ežerą (Apreiškimas Jonui 21, 8).

Tikras pranašas turi teisią prieš Dievą širdį, todėl pranašauja tiesą. Netikri pranašai, norintys pasirodyti, pateikia savo mintis kaip pranašystes ir veda savo šalį į pražūtį bei klaidina žmones. Jeigu šeimoje, šalyje ar bažnyčioje klausome gerų ir dorų žmonių žodžių, patirsime taiką ir ramybę, darydami gera. Bet jeigu einame nedorėlio keliu, patirsime kančias ir netektis.

Teismas žmonėms, kurie išpuikę elgiasi nedorai

Pirmas laiškas Timotiejui 6, 3-5 sako: „Jei kas nors moko kitaip ir nesutinka su sveikais mūsų Viešpaties Jėzaus Kristaus žodžiais bei maldingumo mokslu, tas yra pasipūtėlis, nieko neišmano, serga nuo ginčų ir nuo svaidymosi žodžiais, iš kurių gimsta pavydas, nesutarimas, piktžodžiavimas, blogi įtarinėjimai, ir kivirčai tarp sugedusio proto žmonių, praradusių tiesos nuovoką ir manančių, jog maldingumas esąs pasipelnymo šaltinis."

Dievo žodyje slypi visa tiesa ir gėris, nereikia jokio kito mokslo. Dievas yra tobulas ir geras, todėl tik Jo mokymas yra tiesa. Tačiau išpuikėliai, nepažįstantys tiesos, kalba apie įvairius mokymus, ginčijasi ir giriasi. Jeigu keliame prieštaringus klausimus, norime įrodyti savo teisumą. Jeigu „svaidomės žodžiais", mes pakeliame balsą ir ginčijamės. Jeigu pavydime, norime pakenkti tiems, kurie gauna daugiau meilės negu mes. Mes keliame nesutarimus tarp žmonių, jeigu veliamės į kivirčus. Pasipūtėlio širdis sugenda, ir jis daro kūno darbus, kurių Dievas nekenčia.

Jeigu išpuikėlis neatgailaus ir nepaliks savo kelių, Dievas

nusigręš nuo jo, jis bus nuteistas. Nesvarbu, kiek jis šauks: „Viešpatie, Viešpatie," ir sakys, kad tiki į Dievą, jeigu neatgailaus ir toliau darys pikta, Paskutiniojo teismo dieną bus įmestas į ugnies pragarą su visais kitais pelais.

Palaiminimai teisiesiems, kurie bijo Dievo

Žmogus, tikrai tikintis į Dievą, palauš savo puikybę ir piktus darbus, kad taptų teisiuoju, bijančiu Dievo. Ką reiškia bijoti VIEŠPATIES Dievo? Patarlių knygoje 8, 13 parašyta: „Pagarbiai bijoti VIEŠPATIES reiškia nekęsti to, kas pikta. Puikybės, įžūlumo, blogo elgesio ir suktos kalbos aš nekenčiu." Jei nekenčiame pikto ir atmetame nedorybes, tampame teisiais žmonėmis Dievo akyse.

Dievas išlieja tokiems žmonėms savo meilę, išgelbėjimą, atsakymus į maldas ir palaiminimus. Dievas sako: „Bet jums, bijantiems mano vardo, patekės teisumo saulė su gydančiais spinduliais. Jūs išeisite šokinėdami tarsi veršiukai, išleisti iš gardo. Jūs sutrypsite nedorėlius, nes jie bus pelenai po jūsų kojų padais tą dieną, kai aš veiksiu, sako Galybių VIEŠPATS" (Malachijo knyga 3, 20-21).

Kas bijo Dievo ir laikosi Jo įsakymų, o tai saisto visą žmoniją (Mokytojo knyga 12, 13), sulauks iš Dievo palaiminimų turtu, garbe ir gyvenimu (Patarlių knyga 22, 4). Jų maldos bus išklausytos, jie gaus išgydymus ir palaiminimus, todėl iš džiaugsmo šokinės kaip veršiukai, išleisti iš gardo.

Išėjimo knygoje 15, 26 Dievas sako: „Jeigu iš tikrųjų klausysite VIEŠPATIES, savo Dievo, balso, sakė jis, ir darysite, kas dora jo akyse, paisydami jo įsakymų ir laikydamiesi visų jo nuostatų, nevarginsiu jūsų jokia liga, kuriomis varginau egiptiečius, nes esu jus gydantis VIEŠPATS." Nesvarbu, kokia liga ištiktų Dievo bijantį žmogų, jis bus išgydytas, gyvens sveikas ir galiausiai įžengs į dangų, kur džiaugsis amžina garbe ir šlove.

Todėl turime rūpestingai ištirti save. Jeigu aptinkame savyje bet kokių puikybės ir pikto pavidalų, turime atgailauti ir palikti blogus kelius. Tapkime teisiais žmonėmis, kurie nuolankiai bijo Dievo ir tarnauja Jam.

15 skyrius

Dėl nuodėmės, teisumo ir teismo

„Bet sakau jums gryną tiesą: jums geriau, kad aš iškeliauju, nes jei neiškeliausiu, pas jus neateis Globėjas. O nukeliavęs aš jį jums atsiųsiu. Jis ateis ir parodys pasauliui, kaip šis klysta dėl nuodėmės, dėl teisumo, dėl teismo. Dėl nuodėmės, kadangi netiki manimi. Dėl teisumo, kadangi aš pas Tėvą einu, o jūs manęs daugiau nebereġėsite. Dėl teismo, kadangi šio pasaulio kunigaikštis jau nuteistas."
(Evangelija pagal Joną 16, 7-11)

Jeigu tikime į Jėzų Kristų, atveriame savo širdis ir priimame Jį savo Gelbėtoju, Dievas duoda mums Šventosios Dvasios dovaną. Šventoji Dvasia atgimdo mus iš naujo ir padeda suprasti Dievo žodį. Ji veikia įvairiais būdas, veda į gyvenimą tiesoje ir tobulą išgelbėjimą. Todėl turime per Šventąją Dvasią sužinoti, kas yra nuodėmė, ir kaip atskirti gėrį nuo blogio. Dar turime sužinoti, kaip gyventi teisume, kad įžengtume į dangų ir išvengtume teismo pragare.

Dėl nuodėmės

Jėzus sakė savo mokiniams, kad mirs, prikaltas prie kryžiaus, o jie susidurs su sunkumais. Jis dar padrąsino juos pasakydamas, kad po Jo prisikėlimo ir įžengimo į dangų ateis Šventoji Dvasia ir apdovanos juos nuostabiais dalykais. Jėzaus žengimas dangun buvo būtinas Šventosios Dvasios, Globėjo, atsiuntimui.

Jėzus pasakė, kad atėjusi Šventoji Dvasia parodys pasauliui, kaip šis klysta dėl nuodėmės, dėl teisumo, dėl teismo. Ką reiškia teiginys, kad Šventoji Dvasia „parodys pasauliui, kaip šis klysta dėl nuodėmės"? Evangelijoje pagal Joną 16, 9 parašyta: „Dėl nuodėmės, kadangi netiki manimi." Netikėti į Jėzų Kristų yra nuodėmė, ir žmonės, kurie netiki į Jį, galų gale bus nuteisti. Kodėl netikėti į Jėzų Kristų yra nuodėmė?

Mylintis Dievas atsiuntė į šį pasaulį savo viengimį Sūnų Jėzų Kristų atverti išgelbėjimo kelio žmonėms, tapusiems nuodėmės vergais per Adomo nepaklusnumą. Mirdamas ant kryžiaus Jėzus išpirko žmoniją iš visų nuodėmių, atvėrė išgelbėjimo vartus ir tapo vienu ir vieninteliu Gelbėtoju. Netikėjimas šiuo faktu, žinant jį, yra nuodėmė. Žmogus, kuris nepriima Jėzaus Kristaus savo Gelbėtoju, negali gauti nuodėmių atleidimo, todėl lieka nusidėjėliu.

Kodėl Jis rodo pasauliui, kaip šis klysta dėl nuodėmės

Nesunku suprasti, kad Dievas Kūrėjas tikrai yra, žvelgiant į Jo kūrinius. Laiške romiečiams 1, 20 parašyta: „Jo neregimosios ypatybės jo amžinoji galybė ir dievystė nuo pat pasaulio sukūrimo įžvelgiamos protu iš jo kūrinių, taigi jie nepateisinami." Todėl niekas negalės pasiteisinti, jog netikėjo todėl, kad nežinojo apie Dievą.

Net laikrodis negali atsirasti atsitiktinai be konstruktoriaus ir meistro. Tai kaip be galo sudėtinga ir paslaptinga visata galėjo atsitiktinai savaime atsirasti? Vien stebėdamas visatą žmogus gali įžvelgti Dievo amžinąją galybę ir dievystę.

Šiandien Dievas apsireiškia ženklais ir stebuklais per žmones, kuriuos Jis myli. Dauguma žmonių turbūt bent vieną kartą buvo paraginti tikėti į Dievą, nes Jis tikrai yra. Žmonės asmeniškai patiria stebuklų arba išgirsta apie juos iš pirmų lūpų. Jeigu jie ir po to netiki dėl savo širdžių surambėjimo, jie eina mirties kelias. Štai ką reiškia Šventojo Rašto teiginys, kad Šventoji Dvasia „parodys pasauliui, kaip šis klysta dėl nuodėmės."

Žmonės nepriima evangelijos todėl, kad gyvena nuodėmėse ir vaikosi savo naudos. Manydami, kad šis pasaulis yra viskas, jie netiki dangumi ir amžinuoju gyvenimu. Evangelijos pagal Matą trečiame skyriuje Jonas Krikštytojas šaukia žmones atgailauti, nes dangaus karalystė arti. Taip pat jis sako: „Štai kirvis jau prie medžio šaknų, ir kiekvienas medis, kuris neduoda gerų vaisių, bus iškirstas ir įmestas į ugnį." (10-a eilutė) ir: „Jo rankoje vėtyklė, ir jis išvalys savo kluoną. Kviečius surinks į klėtį, o pelus sudegins neužgesinama ugnimi" (12-a eilutė).

Žemdirbys sėja, dirba žemę ir pjauna vaisius. Jis suveža kviečius į klėtį ir išmeta pelus. Lygiai taip pat Dievas ugdo žmoniją ir veda į amžinąjį gyvenimą savo ištikimus vaikus, kurie gyvena tiesoje. Jeigu šie renkasi pasaulį ir lieka nusidėjėliais, Dievas priverstas palikti juos pražūties kelyje. Norėdami tapti kviečiais ir būti išgelbėti, turime tapti teisūs ir su tikėjimu sekti paskui Jėzų Kristų.

Dėl teisumo

Dievas atsiuntė į šį pasaulį Jėzų, kuris numirė ant kryžiaus, kad išspręstų žmogaus nuodėmės problemą. Tačiau Jis nugalėjo mirtį, prisikėlė ir įžengė į dangų, nes neturėjo gimtosios nuodėmės ir pats nenusidėjo – gyveno teisume. Evangelijoje pagal Joną 16, 10 Jėzus sako: Dėl teisumo, kadangi aš pas Tėvą einu, o jūs manęs daugiau nebereѕite" Šie žodžiai turi gilią prasmę.

Jėzus neturėjo nė vienos nuodėmės, todėl galėjo įvykdyti savo atėjimo į šį pasaulį misiją – mirtis negalėjo Jo įveikti, ir Jis prisikėlė. Jis nuėjo pas Dievą Tėvą, kad gautų dangų, būdamas pirmuoju prisikėlimo vaisiumi. Štai ką Jis vadina teisumu. Kai priimame Jėzų Kristų, gauname Šventosios Dvasios dovaną ir galią tapti Dievo vaikais. Per Jėzaus Kristaus priėmimą mes gimstame iš naujo – iš velnio vaikų virstame šventais Dievo vaikais.

Štai ką reiškia gauti išgelbėjimą ir teisumą per tikėjimą. Ne už tai, kad padarėme ką nors, nusipelnydami išgelbėjimo. Gauname išgelbėjimą tik per tikėjimą, nieko nesumokėdami. Todėl visada turime būti dėkingi Dievui ir gyventi teisume. Mes atgauname Dievo paveikslą, iki kraujo grumdamiesi su nuodėme ir atmesdami ją, kad įgytume panašią į Viešpaties širdį.

Kodėl Jis rodo pasauliui, kaip šis klysta dėl teisumo

Net netikintieji šaiposi iš mūsų, jei negyvename teisume. Tikrą tikėjimą lydi darbai, o tikėjimas be darbų miręs (Jokūbo laiškas 2, 17). Netikintieji teisia ir smerkia mus, sakydami: „Eini į bažnyčią, bet geri ir rūkai? Kaip tu gali daryti nuodėmes ir vadintis Kristaus sekėju?!" Jeigu jūs, tikintieji, gavote Šventąją Dvasią, bet negyvenate teisume, Šventoji Dvasia parodo, kaip klystate dėl teisumo.

Dievas per Šventąją Dvasią įspėja ir sudraudžia savo vaiką, kad šis negyventų nuodėmėje. Dievas leidžia savo vaikui patirti išmėginimų ir sunkumų šeimoje, darbe, versle ar asmeniniame gyvenime, kad šis gyventų teisume. Priešas velnias ir šėtonas kaltina nusidedantį, todėl Dievas turi leisti išmėginimus pagal dvasinį įstatymą.

Rašto aiškintojai ir fariziejai buvo įsitikinę, kad gyvena teisume, nes manė, kad puikiai išmano Įstatymą, ir griežtai jo laikėsi. Tačiau Jėzus sako, kad jeigu teisumu nepranoksime Rašto aiškintojų ir fariziejų, neįeisime į dangaus karalystę (Evangelija pagal Matą 5, 20). Vien salymas: „Viešpatie, Viešpatie," nebūtinai reiškia, kad esame išgelbėti. Norėdami patekti į dangų, turime tikėti į Viešpatį iš visos širdies, atmesti nuodėmes ir pasilikti teisume.

Gyventi teisume reiškia ne tik girdėti Dievo žodį ir dėtis jį galvą, bet ir tapti teisu žmogumi per tikėjimą širdimi bei elgtis pagal Jo žodį. Tik įsivaizduokite, koks būtų dangus, jeigu jame būtų pilna sukčių, plėšikų, melagių, svetimautojų ir pavyduolių ir panašių nusidėjėlių. Dievas ugdo žmoniją ne tam, kad pelai patektų į dangų! Dievo tikslas paimti į dangų kviečius - teisiuosius.

Dėl teismo

Evangelijoje pagal Joną 16, 11 parašyta „Dėl teismo, kadangi šio pasaulio kunigaikštis jau nuteistas." „Šio pasaulio kunigaikštis" čia reiškia priešą velnią ir šėtoną. Jėzus atėjo į šį pasaulį dėl žmonijos nuodėmių. Jis atliko teisumo darbą ir paliko paskutinįjį teismą. Tačiau galime sakyti, kad paskutinysis teismas jau įvyko, nes tik per tikėjimą į Jėzų Kristų žmogus gali gauti nuodėmių atleidimą ir būti išgelbėtas.

Netikintieji galiausiai eis į pragarą, jie jau nuteisti. Todėl Evangelijoje pagal Joną 3, 18-19 parašyta: „Kas jį tiki, tas nebus pasmerktas, o kas netiki, jau yra nuteistas už tai, kad netiki Dievo viengimio Sūnaus. Teismo nuosprendis yra toksai: atėjo šviesa į pasaulį, bet žmonės labiau mylėjo tamsą nei šviesą, nes jų darbai buvo pikti."

Ką daryti, kad išvengtume teismo? Dievas liepė mums būti blaiviems, elgtis teisingai ir nebedaryti nuodėmių (Pirmas laiškas korintiečiams 15, 34). Jis taip pat liepė susilaikyti nuo visokio blogio (Pirmas laiškas tesalonikiečiams 5, 22). Norėdami elgtis teisingai Dievo akyse, turime atsikratyti ne tik išorinių nuodėmių, bet net ir menkiausio blogio savo viduje.

Jeigu nekenčiame blogio ir pasiryžtame pasilikti gerume, įstengiame atmesti nuodėmes. Galite paklausti: „Labai sunku atsikratyti net vienos nuodėmės, kaip man atmesti visas?" Pagalvokime apie medį. Labai sunku išrauti jo šaknis po vieną, bet jeigu išrauname pagrindinę šaknį, kartu išsirauna ir daug mažų šaknelių. Panašiai, jei pasninku ir karštomis maldomis sutelksite pastangas į išsivadavimą iš sunkiausios nuodėmės, kartu su ja atmesite ir kitus nuodėmingus polinkius.

Žmogaus širdyje slypi kūno geismas, akių geismas ir gyvenimo puikybė. Tai blogio formos, atėję iš priešo velnio. Todėl žmogus negali atmesti šių nuodėmių savo jėgomis. Todėl Šventoji Dvasia padeda tiems, kurie stengiasi būti pašventinti ir meldžiasi. Dievui patinka jų pastangos, todėl jis suteikia jiems savo malonę ir stiprybę. Kai šie keturi dalykai – malonė ir stiprybė iš Dievo bei mūsų pastangos ir Šventosios Dvasios pagalba – veikia kartu, mes tikrai galime atmesti savo nuodėmes.

Šis procesas pirmiausia reikalauja atmesti akių geismą. Jeigu koks nors dalykas traukia mus į nuodėmę, geriausia jo nematyti ir negirdėti, net nesiartinti prie jo. Tarkime, paauglys pamatė nepadorią sceną vaizdo įraše ar per televiziją. Tuomet akių geismas sužadina jo širdyje kūno geismą, kuris skatina paauglį kurti nedorus planus ir gali sukelti daug problemų. Todėl mums visiems labai svarbu atmesti akių geismą.

Evangelijoje pagal Matą 5, 48 parašyta: „Taigi būkite tokie tobuli, kaip jūsų dangiškasis Tėvas yra tobulas." Petro pirmame laiške 1, 16 Dievas sako: „Būkite šventi, nes aš esu šventas." Galite paklausti: „Ar žmogus gali tapti tobulas ir šventas kaip Dievas?" Dievas nori, kad būtume šventi ir tobuli. Mes tikrai negalime tapti šventi savo jėgomis, todėl Jėzus atpirko mus ant kryžiaus, ir Šventoji Dvasia, Globėjas, padeda mums. Vien tai, kad kas nors sako, jog priėmė Jėzų Kristų, ir šaukiasi Jo: „Viešpatie, Viešpatie", nereiškia, kad jis pateks į dangų. Žmogus turi atmesti nuodėmes ir gyventi teisiojo gyvenimą, kad išvengtų teismo ir nueitų į dangų.

Šventoji Dvasia rodo pasauliui, kaip šis klysta

Kodėl Šventoji Dvasia atėjo rodyti pasauliui, kaip šis klysta dėl nuodėmės, teisumo ir teismo? Todėl, kad pasaulis pilnas pikto. Kai ką nors suplanuojame, žinome, kad mūsų planas turi pradžią ir pabaigą. Pažvelgę į įvairius ženklus dabartiniame pasaulyje matome, kad pabaiga arti.

Dievas Kūrėjas valdo žmonijos istoriją, turėdamas nuo pradžios iki pabaigos aiškų planą. Pažvelgę į istorijos tėkmę

Biblijoje matome aiškų gėrio ir blogio atskyrimą: nuodėmė veda į mirtį, o teisumas – į amžinąjį gyvenimą. Dievas ir Jo palaiminimai pasilieka su tais, kas tiki į Dievą. Tačiau netikintys į Jį galiausiai bus nuteisti ir pasmerkti amžinajai mirčiai. Nuo seno Dievo teismas jų laukia (Petro antras laiškas 2, 3).

Tvanas Nojaus laikais ir Sodomos bei Gomoros sunaikinimas Abraomo laikais liudija, kad žmonių nedorybei pasiekus ribą, juos ištinka Dievo teismas. Vaduodamas izraelitus iš Egipto vergijos, Dievas siuntė dešimt rykščių Egiptui. Dievas nuteisė faraoną už puikybę.

Maždaug prieš du tūkstančius metų, kai Pompėjos miestas galutinai sugedo ir nusmuko į kraštutinius iškrypimus, Dievas sunaikino jį gamtos nelaime, ugnikalnio išsiveržimu. Miestas, palaidotas po ugnikalnio pelenais, iki šiol išliko lygiai toks pat, koks buvo sunaikintas, ir šiandien, nuvykus į Pompėją, iš pirmo žvilgsnio matosi tų laikų žmonių nedorumas.

Naujajame Testamente Jėzus taip pat vieną kartą barė veidmainius Rašto aiškintojus ir fariziejus, septynis kartus pakartodamas: „Vargas jums". Norint apsaugoti pasaulį nuo teismo ir pragaro, reikia parodyti jam, kaip šis klysta, ir griežtai jį įspėti.

Evangelijoje pagal Matą, 24-ame skyriuje mokiniai paklausė Viešpaties apie Jo atėjimo ir pasaulio pabaigos ženklus. Jėzus išsamiai jiems paaiškino sakydamas, kad ateis neregėtas suspaudimas. Dievas neatvers dangaus vartų ir neišlies vandens ar ugnies kaip praeityje, bet atsiųs savo teismą, atitinkantį laikus.

Apreiškimo Jonui knyga pranašauja, kad modernūs ginklai atneš milžiniškų sunaikinimų neįsivaizduojamai didelio masto kare. Tuomet Dievo planas žmonijos ugdymui baigsis ir įvyks Paskutinysis teismas prie didelio balto sosto. Tą dieną kiekvienas žmogus išgirs, kur jis amžinai gyvens – pragare ar danguje. Tai kaip mes turime gyventi dabar?

Atmeskime nuodėmes ir gyvenkime teisų gyvenimą

Norėdami išvengti teismo, turime atmesti savo nuodėmes ir gyventi teisume. Ir dar svarbiau suarti savo širdį Dievo žodžiu, kaip žemdirbys suaria žemę. Turime suarti pakelės žemę, uolėtą dirvą bei erškėčiais apaugusį lauką ir paversti juos gera, derlinga dirva.

Kartais stebimės: „Kodėl Dievas palieka netikinčiuosius ramybėje, bet leidžia dideliems sunkumams užklupti mane, tikintįjį?" Todėl, kad kaip skintų gėlių puokštė atrodo gražiai, bet neturi gyvybės, netikintieji jau pasmerkti pragarui, ir jų nebereikia auklėti.

Dievas auklėja mus, nes esame tikri Jo vaikai, ne pavainikiai. Todėl turime būti dėkingi už Jo rūpestingą drausminimą (Laiškas hebrajams 12, 7-13). Kaip tėvai drausmina savo vaikus todėl, kad myli juos ir nori nukreipti teisingu keliu, net jeigu reikia paimti rykštę, taip ir Dievas, kai prireikia, leidžia mums susidurti su sunkumais, kad nuvestų į išgelbėjimą.

Mokytojo knyga 12, 13-14 sako: „Visa tai išklausius,

paskutinis žodis būtų toks: bijok Dievo ir laikykis jo įsakymų, nes tai saisto visą žmoniją. Juk Dievas kiekvieną pašauks atsakyti už darbą, net slaptą ir gerą, ir blogą". Gyventi teisiai reiškia vykdyti visas žmogaus pareigas savo gyvenime. Dievo žodis liepia melstis, todėl turime melstis. Dievo žodis liepia švęsti Viešpaties dieną, todėl turime ją švęsti. Jis sako mums neteisti, tad turime neteisti. Laikydamiesi Jo žodžio ir elgdamiesi pagal jį gauname gyvybę ir einame amžinojo gyvenimo keliu.

Viliuosi, kad įsirašysite šią žinią širdyje ir tapsite kviečiais, kupinais dvasinės meilės, kuri aprašyta Pirmo laiško korintiečiams 13-ame skyriuje, su devyniais Šventosios Dvasios vaisiais (Laiškas galatams 5, 22-23) ir Kalno pamokslo palaiminimais (Evangelija pagal Matą 5, 3-12). Meldžiuosi Viešpaties vardu, kad taip elgdamiesi jūs ne tik būtumėte išgelbėti, bet ir taptumėte Dievo vaikais, spindinčiais kaip saulė dangaus karalystėje.

Autorius
Dr. Jaerock Lee

Dr. Jaerock Lee gimė 1943 metais Muane, Jeonnam provincijoje, Korėjos Respublikoje. Būdamas dvidešimt kelerių metų amžiaus Dr. Lee jau septynerius metus sirgo daugybe nepagydomų ligų ir laukė mirties, neturėdamas vilties pasveikti. Tačiau 1974 metais jo sesuo nusivedė jį į vieną bažnyčią, ir kai jis atsiklaupė pasimelsti, Gyvasis Dievas iš karto išgydė jį nuo visų ligų.

Nuo tos akimirkos, kai dr. Lee susitiko su Gyvuoju Dievu, jis pamilo Dievą visa savo širdimi ir 1978 m. jis buvo pašauktas Dievo tapti Jo tarnu. Jis karštai meldėsi, norėdamas aiškiai sužinoti Dievo valią, visiškai ją įvykdyti ir paklusti visam Dievo Žodžiui. 1982 m. jis įsteigė Manmin centrinę bažnyčią Seule, Korėjoje, ir nuo to laiko joje vyksta nesuskaičiuojami Dievo darbai – antgamtiški išgydymai ir stebuklai.

1986 m. kasmetinės Korėjos Jėzaus Bažnyčios „Sunkiu" asamblėjos metu dr. Lee buvo įšventintas pastoriumi, o 1990 m. – praėjus tik ketveriems metams – jo pamokslai buvo transliuojami Australijoje, Rusijoje, Filipinuose ir daugelyje kitų šalių Tolimųjų Rytų radijo transliacijų kompanijos, Azijos radijo transliacijų stoties ir Vašingtono krikščionių radijo sistemos dėka.

Po trejų metų, 1993, Manmin centrinė bažnyčia buvo išrinkta Amerikos žurnalo „Christian World" viena iš „50 geriausių pasaulio bažnyčių", ir jis gavo teologijos garbės daktaro laipsnį Krikščionių Tikėjimo Koledže, Floridoje, JAV, o 1996 m. Teologijos seminarijos „Kingsway" (Ajova, JAV), dvasinės tarnystės daktaro laipsnį.

Nuo 1993 m. dr. Lee tapo pasaulinių misijų lyderiu, rengdamas daug evangelizacinių kampanijų Tanzanijoje, Argentinoje, Los Andžele, Baltimorėje, Havajuose, Niujorke, Ugandoje, Japonijoje, Pakistane, Kenijoje, Filipinuose, Hondūre, Indijoje, Rusijoje, Vokietijoje, Peru, Kongo Demokratinėje Respublikoje, Izraelyje ir Estijoje.

2002 m. Korėjos pagrindinių krikščioniškų laikraščių už savo veiklą įvairiose Didžiosiose jungtinėse evangelizacinėse kampanijose jis buvo pavadintas „pasaulinio masto pastoriumi". Jis surengė „Niujorko evangelizacinę kampaniją

2006" garsiausioje pasaulio arenoje „Madison Square Garden." Šis renginys buvo transliuojamas 220 tautų, o savo „Izraelio vieningoje evangelizacinėje kampanijoje 2009", kuri vyko Jeruzalės tarptautiniame konvencijų centre (ICC), jis drąsiai skelbė, kad Jėzus Kristus yra Mesijas ir Gelbėtojas.

Jo pamokslai transliuojami į 176 šalis per palydovus, įskaitant GCN TV. Populiarus Rusijos krikščioniškas žurnalas „Pergalėje" ir naujienų agentūra „Christian Telegraph" už jo tarnystę per TV ir misionierišką veiklą įtraukė jį į įtakingiausių krikščionių vadovų dešimtuką 2009 ir 2010 metais.

2015 metų rugsėjo duomenimis, Manmin Centrinei Bažnyčiai priklauso daugiau negu 120 000 narių. Visame pasaulyje yra 10 000 dukterinių bažnyčių, įskaitant 56 vietos bažnyčias, daugiau negu 129 misionieriai buvo paskirti darbui 23 šalyse, įskaitant Jungtines Valstijas, Rusiją, Vokietiją, Kanadą, Japoniją, Kiniją, Prancūziją, Indiją, Keniją ir daug kitų šalių.

Šios knygos išleidimo metu, Dr. Lee buvo parašęs 105 knygas, įskaitant bestselerius „Patirti amžinąjį gyvenimą anksčiau už mirtį", „Mano gyvenimas, mano tikėjimas 1 ir 2", „Kryžiaus žinia", „Tikėjimo mastas", „Dangus 1 ir 2", „Pragaras" ir „Dievo jėga". Jo darbai išversti į daugiau negu 76 kalbas.

Jo krikščioniški straipsniai spausdinami šiuose leidiniuose: „The Hankook Ilbo", „The JoongAng Daily", „The Dong-A Ilbo", „The Munhwa Ilbo", „The Seoul Shinmun", „The Kyunghyang Shinmun", „The Hankyoreh Shinmun", „The Korea Economic Daily", „The Korea Herald", „The Shisa News" ir „The Christian Press".

Šiuo metu Dr. Lee yra daugelio misijų organizacijų ir asociacijų vadovas: Jėzaus Kristaus jungtinės šventumo bažnyčios pirmininkas, Manmin pasaulinės misijos pirmininkas, Pasaulinės krikščionybės prabudimo misijų asociacijos nuolatinis pirmininkas, Manmin, Pasaulinio krikščionių tinklo (GCN) steigėjas ir tarybos pirmininkas, Pasaulio krikščionių gydytojų tinklo (WCDN) steigėjas ir tarybos pirmininkas, Tarptautinės Manmin seminarijos (MIS) steigėjas ir tarybos pirmininkas.

Kitos vertingos to paties autoriaus knygos

Dangus (1 ir 2 dalys)

Žavios gyvenimo aplinkos, kurioje gyvena Dangaus piliečiai, detalus aprašymas ir puikus skirtingų dangaus karalystės lygių pavaizdavimas.

Mano Gyvenimas, Mano Tikėjimas (1 ir 2 dalys)

Gardžiausias dvasinis aromatas, sklindantis iš gyvenimo, kuris tamsių bangų, šalto jungo ir neapsakomos nevilties laikais žydėjo neprilygstama meile Dievui.

Patirti Amžinąjį Gyvenimą Anksčiau už Mirtį

Dr. Džeiroko Li, kuris buvo gimęs iš naujo, išgelbėtas iš mirties šešėlio slėnio ir gyvena pavyzdingą krikščionišką gyvenimą, liudijimo memuarai.

Tikėjimo Saikas

Kokia buveinė, karūna ir apdovanojimai laukia jūsų Danguje? Ši knyga išmintingai ir kryptingai padės jums nustatyti savo tikėjimo saiką ir išugdyti geriausią ir brandžiausią tikėjimą.

Pragaras

Nuoširdus pamokslas visiems žmonėms nuo paties Dievo, kuris nori, kad nei viena siela nepatektų į pragaro gelmes! Sužinosite apie visai jums nepažįstamą pragaro gelmių realybę.

www.urimbooks.com

www.ingramcontent.com/pod-product-compliance
Lightning Source LLC
LaVergne TN
LVHW012012060526
838201LV00061B/4280